NOUS ÉTION

Née en 1934, Rachel
Vel' d'hiv. Elle préside
fin des années 1990 pour le souvenir des enfants disparus.

RACHEL JEDINAK

Nous étions seulement des enfants

Une vie pour vivre,
une vie pour se souvenir

FAYARD

© Librairie Arthème Fayard, 2018.
L'éditeur tient à remercier Jean Doucet.

ISBN : 978-2-253-25787-5 – 1re publication LGF

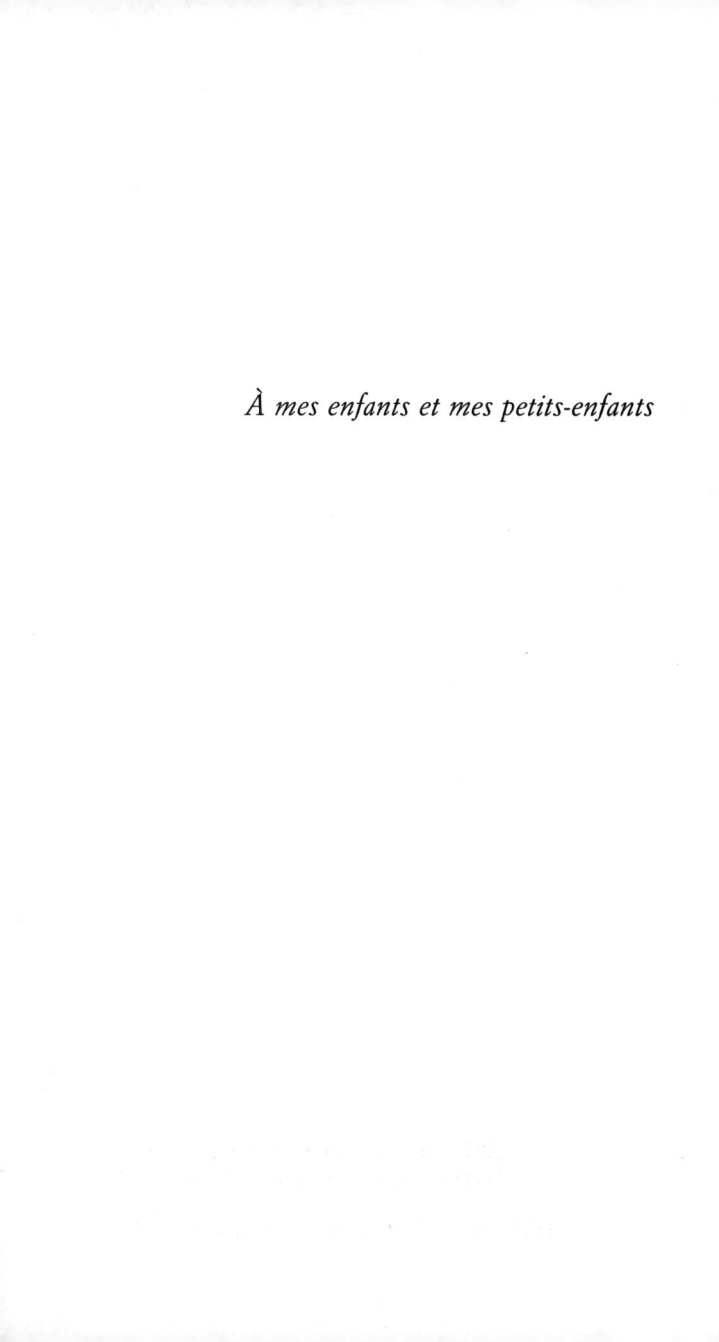

À mes enfants et mes petits-enfants

16 juillet 2011. Il n'est pas encore midi. Sous mon parapluie, je regarde le groupe s'éloigner. Derrière moi, quelques enfants jouent sur un bout de trottoir de la rue Boyer. Il pleut, mais ils s'en moquent.

Je les observe un instant. Je les écoute. Ils parlent d'une façon qu'eux seuls peuvent comprendre. Sans m'en rendre compte, j'esquisse un sourire. Il y a soixante-neuf ans, j'avais à peu près leur âge et j'étais aussi une enfant du quartier. Ce morceau du 20e arrondissement, qui s'étale depuis le Père-Lachaise jusqu'au parc de Belleville, derrière l'église, c'était notre royaume.

L'un des jeunes garçons me regarde, il me sourit en retour, comme on le fait poliment à une vieille dame. Puis, sans se préoccuper de mes yeux émus, il retourne joyeusement à ses jeux.

Je me dirige vers le bâtiment derrière moi. Sur sa façade, à droite, je reconnais la faucille et le marteau. Ils étaient déjà là quand je n'avais pas encore huit ans et que la Bellevilloise était une coopérative ouvrière.

Me tournant vers l'entrée, je passe devant la plaque commémorative que le comité Tlemcen et moi nous sommes tant battus pour faire apposer. Elle rend hommage aux femmes, hommes et enfants juifs, enfermés ici après la rafle de 1942, dont ma mère.

Je m'approche des portes. Sur les vitres sont collées des dizaines d'affiches de toutes les couleurs. La Bellevilloise est désormais un lieu de fête, où l'on donne des concerts de rock et organise des débats.

À pas prudents, pour ne pas glisser sur le trottoir, je m'éloigne. Le parapluie bien vissé au-dessus de la tête, je marche lentement vers la droite du bâtiment. Je longe le trottoir, puis remarque, sur la gauche, une petite cour. Je m'arrête un moment ; elle semble familière. Les murs, la rue, la couleur du ciel qui soudain s'éclaircit. Les détails ont changé, oui, mais le cadre est le même.

C'est comme une porte qui s'ouvre dans les souvenirs. Des images affluent : ma mère, les cris, les hurlements des enfants, la chaleur épouvantable de ce jour de juillet.

Il me semble distinguer quelque chose au fond de la cour. C'est une silhouette frêle, toute seule. Elle porte une robe d'été, n'a pas eu le temps de se coiffer. C'est une petite fille d'un autre temps.

Je m'approche d'elle avec douceur et la prends par la main. Elle l'attrape comme si elle l'avait toujours attendue.

Il fallait que je revienne ici pour l'emmener avec moi et raconter son histoire.

1

Juin 1939. La mine d'une petite fille boudeuse, je suis dans la cage d'escalier. J'attends ma mère qui se prépare pour m'accompagner à l'école. Louise, ma grande sœur, est déjà sortie de l'immeuble.

Moi, je ne veux pas. Les vacances d'été approchent, pourtant rien n'y fait. Je ne veux pas y aller. Quand je ferme les yeux, je vois les murs gris dont la peinture s'écaille, les tabliers noirs comme autant de corbeaux. Et l'odeur des couloirs me donne des haut-le-cœur.

Dans le fond, j'étais plutôt sage. Mais ces matins de maternelle, je ne parvenais pas à raisonner mes caprices et, chaque jour, la même scène se répétait. Maman, si patiente, devait me traîner jusqu'à l'école comme un sac de linge trop lourd. Tandis qu'elle attrapait mon bras droit, je me tortillais dans tous les sens. « Non ! je criais. Je veux rentrer à la maison ! »

À ce jeu-là, ma mère gagnait toujours et nous partions sous les regards amusés des vendeurs de la rue des Cendriers.

Quelle stratégie trouver ce matin ? Ma tête est appuyée sur la rambarde de l'escalier, mes mains et mon front contre les barreaux. Je cherche l'idée de génie : prétendre que je suis malade ? Dire que je me suis foulé la cheville en descendant les marches ?

Tout à coup, la porte de l'appartement s'ouvre. C'est maman. Il faut faire vite. Et si je passais simplement mon cou entre les tiges de métal ? Ses pas s'accélèrent, je n'ai pas le temps de réfléchir. Il faut forcer un peu, mais ma tête passe.

« Allez, ma chérie, on y va ! »

Ma mère nous parlait en yiddish. Mon père aussi. Même si nous maîtrisions tous les quatre le français, c'était la langue que nous utilisions ensemble.

« Arrête avec tes bêtises ! Sors de là et suis-moi ! » Maman s'impatiente. Sans plus attendre, elle m'attrape le bras et tire. Mais impossible de me relever. Ce n'est pas mon poids, c'est ma tête. Elle semble avoir gonflé comme par magie et je reste bloquée entre les barreaux.

Il a fallu du temps et beaucoup de patience. Maman, morte d'inquiétude, a appelé le voisin, qui a appelé la concierge, qui a appelé le quincaillier. Quelques heures, des cris et des câlins plus tard, j'étais à l'école sans qu'il fût nécessaire que l'on me tire par le bras.

*

Je suis entrée à l'école maternelle des Cendriers à l'âge de deux ans et demi, en 1936. À l'époque, on y inscrivait les enfants dès qu'ils ne portaient plus de couches. Malheureusement pour moi, ce fut assez tôt. Pourtant, malgré mes comédies, mes parents n'ont jamais cédé et je n'ai pas manqué un seul jour de classe. Pour eux, l'école était ce qu'il y avait de plus important.

Nous vivions dans un deux-pièces de la rue Duris. Notre appartement était chichement meublé, mais nous y étions bien. Je dormais avec ma sœur, on se tenait chaud, ma mère nous cuisinait des plats qui sentaient bon et mon père nous bordait le soir. Nous étions ensemble et cela nous suffisait.

J'aimais intensément mes parents. J'aimais qu'ils me parlent yiddish, qu'ils me chantent des airs de Varsovie, qu'ils me bercent de tendresse du matin jusqu'au coucher.

Chaque soir, à l'heure où mon père rentrait du travail, ma mère m'appelait : « Il est là ! » Alors, je vérifiais par la fenêtre et, lorsque j'apercevais sa silhouette carrée dans la cour de l'immeuble, je me précipitais au bas de l'escalier pour me jeter dans ses bras.

Quand je pense à cet appartement, c'est encore mon foyer. Une maison perdue au fond des souvenirs, ainsi que la petite boîte qu'on retrouve dans le fond d'une armoire et dont le contenu est intact.

Toute l'histoire de notre famille était faite de récits d'amour. Maman s'appelait Chana. Issue d'une famille nombreuse de Varsovie, elle était arrivée en France au début des années 1920. Au départ, elle ne devait qu'y passer. Ses parents avaient fui la Pologne pour New York, ma mère et sa sœur devaient les rejoindre. Mais ma tante Ruchka a rencontré mon oncle. Chana a rencontré Abram, mon père. Elles sont restées à Paris par amour, et nous sommes nées de cela.

Petite fille, je savais juste qu'ils étaient juifs et que mieux valait ne pas l'être dans le pays d'où ils venaient, la Pologne. Bien plus tard, j'apprendrais que mes parents avaient déjà bravé l'impossible pour arriver jusqu'ici.

En 1917, âgé d'à peine seize ans, mon père était vendeur de boissons. Dans Varsovie, il tirait une charrette, transportant des caisses de limonade ou de bière contre quelques pièces. Un jour, sans le prévenir ni l'annoncer à sa famille, l'armée polonaise est venue le chercher. Il a été contraint d'abandonner sa charrette dans la rue, tout son matériel, et de suivre aussitôt les soldats. Des mois durant, mes grands-parents n'ont pas su où il se trouvait, ni même s'il vivait encore.

Pendant ce temps, mon père souffrait le martyre. On l'avait envoyé sur les fronts les plus glaciaux presque sans rien pour se tenir chaud. Alors, un jour, il a décidé de s'enfuir. Il a rampé pendant des nuits à travers la campagne et la neige. Quand il est enfin rentré, on m'a raconté qu'il avait fallu découper ses bottes au rasoir ; ses jambes n'étaient qu'une plaie et la peau partait avec.

En 1939, tout cela, je ne le savais pas. Dans mon royaume à moi, celui de Ménilmontant, il n'y avait pas de place pour la tristesse.

*

C'est les vacances d'été. Nous sommes tous autour de Manu, le fils d'un républicain espagnol. Il tient dans sa main un pot de métal rempli de lait. À un moment, il nous fait signe de nous écarter, puis, sans prévenir, se met à faire de grands cercles avec ses bras. C'est magique : le lait ne se déverse pas.

Sous nos yeux ébahis, il défie chacun d'entre nous d'en faire de même. Tous y parviennent sans tracas et, lorsque vient mon tour, le pot est encore plein. Alors je m'avance au centre du cercle. Je me concentre et me lance, levant d'un coup le bras. Je n'ai pas le temps de crier que le broc se vide aussitôt sur moi, trempant tous mes vêtements.

Je me rappelle les grands éclats de rire qui ont suivi ma maladresse. Sans doute y avait-il ceux de Madeleine, de Fanny ou encore de Léa, la voisine, et de chacun de ces enfants avec qui j'avais l'habitude de jouer. Et quand je raconte ce souvenir, je souris comme si tous étaient encore autour de moi.

C'est ma sœur qui me raccompagne ensuite à l'appartement, rue Duris, la robe trempée. Je me revois monter l'escalier le cœur gros et les jambes plus lourdes que des pierres, prête à me faire gronder. J'ouvre lentement la porte de l'appartement. Ma mère est dans la cuisine, j'entends encore sa voix. Puis je m'arrête. Des inconnus sont autour de la table avec mon père. Ils parlent yiddish.

« Les filles, c'est vous ? demande ma mère.
— Oui.
— Venez me voir. »
Elle ne remarque ni le lait sur mes chaussures ni mon air coupable, et dit seulement : « Des amis de Varsovie sont venus nous rendre visite. Ils vont rester dîner avec nous. Soyez gentilles et restez dans la chambre en attendant que je vous appelle. »

Il arrivait parfois que maman se fâche ou me punisse. Cette fois-là, elle aurait dû faire une remarque pour marquer le coup. Mais elle et mon père avaient des contrariétés bien plus graves qu'une tache de lait.

2

Les enfances ont leurs espaces. Elles s'étendent sur des cartes qui semblent longtemps aussi grandes que des villes entières. En grandissant, on se rend compte qu'il ne s'agissait que de quatre ou cinq rues, une dizaine de lieux et l'école, au centre.

Mon enfance, elle, se déploie sur plusieurs cartes. Il a fallu que je retrouve la petite fille de la Bellevilloise pour retourner dans celle de mes premières années. La plus intime, sans doute parce que c'était la plus heureuse.

Tous mes souvenirs y étaient piégés, comme ces boules de Noël où l'on peut, à travers le verre, regarder indéfiniment la neige tomber. Ensemble, nous avons reconstruit les lieux, les rues, les trajets, et la carte a désormais sa forme et ses lignes, enlacées autour de la rue Duris. Mon passé retrouve sa géographie.

Il y a d'abord notre appartement. Puis celui de mes grands-parents, une grande pièce dans la rue de Tlemcen, au cinquième étage. Et aussi la rue des Cendriers, certains cafés et le lavoir. Dans la semaine, ma mère nous réservait des instants privilégiés, et c'était souvent là qu'elle nous entraînait.

Je ferme les yeux, et me voici petite fille, assise contre une bassine, les jambes pliées, ma robe descendant jusqu'aux genoux. J'entends les bruits étouffés des coups de brosses, les voix des femmes parlant toutes les langues – le français, le yiddish, l'espagnol. Leurs rires aussi, noyés dans la vapeur d'eau.

Je tourne la tête et je vois maman, son visage masqué par les nuées blanches. Elle me regarde de ses yeux clairs. Ses cheveux bruns tombent sur son cou et sa taille fine est marquée par sa jupe.

Souvent, nous quittions le lavoir au soleil couchant. On entendait alors les parents hurler aux petits de rentrer dîner. On croisait les hommes qui revenaient du travail, leur veste de fortune posée nonchalamment sur le bras et, pour certains, des sacs de jute remplis de charbon sur les épaules.

Au crépuscule, Ménilmontant s'agitait comme, à l'entracte d'un opéra, on se précipite pour changer de décor. Puis le calme, d'un coup, se faisait, et la nuit tombait.

*

Sur la carte de cette enfance, il y a aussi un café de la rue de Belleville où mon père nous emmenait tous les dimanches matin avec ma sœur. Je me rappelle sa grande terrasse, bercée de soleil, et les odeurs de café qui embaumaient la rue.

Nous sortions de l'appartement, dévalions l'escalier, puis attrapions chacune une main de mon père. Louise d'un côté, moi de l'autre. Avant la guerre, papa était menuisier pour une fabrique de meubles du quartier du faubourg Saint-Antoine, dans le 12e arrondissement. Il avait les bras forts et des mains rugueuses d'artisan.

Sur le chemin, rafraîchis par les hauts arbres, nous ne croisions presque personne. À cette heure du matin, la moitié des enfants avaient déserté la rue pour l'église, où l'on donnait la messe. Nous, nous marchions en sautillant jusqu'à apercevoir, sur la droite, les grandes lettres rouges

C.O.C.O.R.I.C.O., au-dessus de deux portes de verre. Un bâtiment mystérieux comme on n'en voyait qu'ici. Tandis qu'au premier étage étaient apposées les affiches, au deuxième s'ouvrait un immense hublot, comme un œil braqué sur le boulevard.

Dans ces temps-là, Ménilmontant et Belleville étaient des quartiers de fête. On allait y écouter de la musique, on sortait voir des films, s'installer sur les terrasses. Il y avait toujours du monde dehors.

Les gens qui vivaient ici exerçaient de petits métiers. Alors, c'étaient les arts populaires qui marchaient le mieux. Là où il ne fallait pas dépenser des sommes immenses pour passer les après-midi et où l'on pouvait emmener les femmes s'amuser sans se ruiner et se chausser pour quelques pièces.

Mais j'étais trop jeune pour ça. Et aujourd'hui, tout a disparu. Du Cocorico, du Ménil-Palace, des Cinématographes parisiens, du Belleville-Pathé ou des nombreuses salles qui peuplaient le quartier, il ne reste rien. Le temps les a emportés.

Ce dimanche matin de l'été 1939, il n'y a personne devant les cinémas. Mais au café où nous entraîne mon père, à l'angle du boulevard et de la rue de Belleville, il y a ses amis en terrasse.

Avec ma sœur Louise, nous nous attablons à côté de papa. Nous commandons, puis elle pointe du doigt quelque chose sur le mur. « Tiens, regarde, Rachel. Je suis sûre que tu peux lire ! » Je tourne la tête et distingue une affiche. Louise a passé l'année à m'apprendre l'alphabet, à me faire réciter les lettres, à m'enseigner à lire mes premiers mots. Alors, pour lui faire plaisir, je déchiffre tout haut le titre de la réclame, en lettres capitales : « MO-BI-LI-SA-TION GÉ-NÉ-RALE ! »

C'est bien plus tard que les syllabes prononcées ont pris leur sens. À la terrasse du café, je me souviens simplement que j'étais fière ; les mots comme des ponts de plus entre Louise et moi.

Ma sœur est née en 1929. Cette année-là, elle a dix ans, mais déjà presque la taille d'une jeune fille. Sur les photographies que j'ai retrouvées de cette époque, nous sommes souvent côte à côte. Moi, petite fille fixant l'objectif d'un œil rieur ; elle, plus grande, au regard affirmé.

Nous étions différentes, mais cela nous rapprochait. Parfois, aussi, parce que c'était l'aînée, elle se donnait des airs de grande et me faisait la leçon. Mais, même de cela, nous nous amusions.

*

Avant la guerre, il y avait ainsi les instants que chacun de nos parents nous réservait, et puis ceux que nous passions tous les quatre ; le soir, surtout. Ma mère cuisinait des plats de Pologne et nous partagions le repas en discutant. Quand c'était terminé, venait le temps des chansons. Je me rappelle encore la voix de mon père. Puissante et mélodieuse.

C'est lors d'un de ces dîners, à la fin de l'été 1939, que nos parents nous ont expliqué. Au-delà de Ménilmontant, par-delà les frontières de mon royaume, les hostilités avaient commencé. Le 1er septembre, Hitler avait envahi la Pologne. Deux jours plus tard, la France et la Grande-Bretagne avaient déclaré la guerre à l'Allemagne. La « mobilisation générale », cela signifiait donc que les hommes allaient s'engager pour l'armée.

Mes parents nous annoncèrent que mon père partirait bientôt. Comme le reste de ses camarades juifs polonais, tous très engagés pour la France, il s'était porté volontaire. Mais je n'étais pas inquiète. Tout irait bien, il serait vite de retour, tout rentrerait dans l'ordre. Évidemment, on se répétait cela pour nous rassurer, mais cela a fonctionné et les chansons ont fait le reste.

Ce doit être quelques jours plus tard. Le soleil est pesant. La foule compacte est amassée devant la gare. Nous avons revêtu nos plus beaux vêtements. Ma mère porte une robe qui lui arrive aux mollets et ses chaussures à talons. Ses cheveux sont recouverts d'un chapeau violet.

Autour de nous, les familles déchirées sont en larmes de devoir bientôt se séparer. Sous les plumes des journalistes et les flashes des photographes qui immortalisent cet instant, nous nous serrons tous les quatre dans les bras une dernière fois.

Je suis petite, j'arrive à peine à la hanche de mon père. Pour me dire au revoir, il s'agenouille. Je l'enlace, comme pour le garder, puis il s'en va, un immense sourire sur les lèvres.

En arrivant en France, Abram et Chana Psankiewicz avaient demandé la nationalité française. En septembre 1939, les démarches n'avaient pas encore abouti. Mon père fut donc appelé à rejoindre le 21e régiment de marche de la Légion étrangère.

3

Au bord de la Méditerranée, il y a ces bains que l'on fait au crépuscule. La chaleur de la journée vient de tomber, et l'air et la mer ont une température presque semblable.

Ces soirs-là, on entre dans l'eau presque sans le sentir. Comme si les éléments s'étaient accordés pour offrir au corps un instant intimement familier. La mer devient maison.

Souvent, on me demande comment j'ai pu survivre à ce que j'ai traversé ; comment, enfant, on peut se remettre de l'indicible. Bien sûr, je n'ai pas eu le choix. Puisque j'étais en vie, puisque j'avais cette chance que tant d'autres n'avaient pas eue, il fallait bien continuer. Mais, en réalité, c'est autre chose.

Notre appartement de la rue Duris, la rue de

Tlemcen, l'école, c'était comme ces bains d'huile de Méditerranée. Partout, j'étais bien ; par tous, je me sentais entourée. Il y avait d'abord mes parents, ma sœur, mes grands-parents, puis mes oncles et mes tantes, ceux qui vivaient à Paris. Mais il y avait aussi tous les autres ; ces adultes du quartier qui aimaient les enfants. Ménilmontant, c'était ma maison.

Cet amour-là, profond et pluriel, m'a sauvée. J'ai traversé l'horreur avec la certitude qu'il y avait, au bout de tout, du beau, du familier. J'y ai cru jusqu'à ce que j'y arrive. Jusqu'à construire, moi aussi, ma maison.

Alors, j'ai tracé de nouvelles lignes, dessiné ma propre carte. Et, toujours, je l'ai pensée pour les enfants ; les miens, d'abord, mais aussi tous les autres.

*

Quand papa est parti à la guerre en septembre 1939, c'était la « drôle de guerre » ; il n'y avait pas de combats. La seule chose qui avait changé en nous, ça n'était pas la peur, mais le manque. Ainsi, même si les adultes de Ménilmontant étaient pendus jour et nuit à la radio, ils redoublaient d'efforts pour compenser l'absence.

Souvent, après l'école, maman m'emmenait à l'épicerie, où les propriétaires me parlaient, me donnaient des bonbons. Je me rappelle aussi les maîtresses d'école qui déployaient des murs de tendresse autour de nous.

C'est quelque temps plus tard, en 1939. La leçon a tout juste commencé quand une sirène se met à retentir. Mon porte-plume, sous l'effet d'un sursaut, marque un grand trait sur mon cahier. Nous sortons de l'école en courant.

Autour de nous, le quartier est en ébullition. De toutes parts, des habitants se précipitent dans des directions inverses sans savoir où aller. Nous nous ruons derrière l'institutrice vers la rue Houdart, plus vide qu'une nuit d'hiver. Nous arrivons ensuite à hauteur de la station de métro du Père-Lachaise. Nous descendons deux par deux les interminables escaliers et déboulons sur les quais.

En bas, c'est immédiat, nos nerfs lâchent. Tout autour de nous, des vieillards sont paniqués, des femmes tiennent des bébés en pleurs, des enfants sont agglutinés les uns sur les autres. Fanny, ma copine de classe, fond en larmes. Je ne tarde pas à l'imiter, ainsi que toutes les autres.

Ce jour-là, les maîtresses ont donné tout ce qu'elles avaient de plus maternel pour nous rassurer. Elles nous parlaient, nous consolaient, nous écoutaient.

Cette première alerte à la bombe fut la plus difficile. Les suivantes, nous étions plus calmes. Sur les quais du métro, dans les caves des immeubles, nous reprenions les jeux. Puis, plus tard, lorsqu'on nous distribua les masques à gaz, on nous laissa imaginer que c'était des déguisements d'éléphant. Ou que les ballons de barrage nous protégeant des vols allemands rasant Paris étaient des saucisses qui traversaient le ciel.

*

Cette première année de guerre, les adultes faisaient barrage. La tempête s'amorçait, le vent soufflait sur les tuiles, la pluie tombait à torrents, mais la maison de nos enfances tenait bon. Même quand il fallut la déplacer.

Ce jour de juin 1940, ma mère me tire à toute vitesse dans l'appartement. Dans des valises et des baluchons sont emballés nos vêtements, des photographies, et tout ce dont elle refuse qu'on se sépare. L'inquiétude me tétanise, alors Louise, de force, me tend un sac : « Descends-le, Rachel. On te retrouve en bas. »

Lorsque j'ouvre la porte de l'immeuble, je vois le gros camion bleu de mon oncle Lenczner, dont il se sert pour entasser les habits qu'il vend sur les marchés. Maman arrive en courant derrière moi, les bras encombrés. Ma tante, surgissant de nulle part, ouvre les portes arrière du véhicule. Elle fourre dedans nos affaires et me demande de monter avec mes cousines et leur petit frère dans le fond.

Les Allemands venaient de rompre la « drôle de guerre » par une guerre éclair. Ils avaient envahi les Pays-Bas, la Belgique, et étaient entrés en France, au nord, là où combattait mon père.

Nous, les enfants, ne comprenions rien. Quelques heures plus tôt, c'était encore un jour comme un autre. Un vendredi qui aurait pu être merveilleux. Désormais, nous n'avions pour seule maison que le camion bleu de l'oncle Lenczner, bourré de vêtements et d'objets pour nous rappeler cette vie d'avant et c'était déjà une chance. Certains hommes, eux, tiraient des charrettes pleines d'habits, d'objets, les sangles attachées à leurs épaules. Des femmes couraient en poussant des landaus. D'autres fuyaient à bicyclette.

À l'arrière, nous étions assis les genoux sous le menton, tout recroquevillés. Durant les premiers kilomètres, il fut impossible de parler. Nous n'osions même pas nous regarder, de peur de découvrir, dans le regard de l'autre, la terreur que nous tentions à grands efforts de garder au fond de nous.

À l'avant, ma mère et ma tante étaient affolées, quand mon oncle faisait ce qu'il pouvait pour conduire le camion hors de Paris. La panique avait gagné la ville comme le venin d'un serpent se propage dans les veines. À toute vitesse. Par les fenêtres, on voyait une masse de gens courir, des voitures klaxonner, des familles tenter de fuir valises à la main.

En dehors de Paris, sur les routes qui menaient vers le sud, à l'opposé de la percée allemande, c'était pire. La foule fuyante et compacte avait grossi son cours des habitants des banlieues et des plus petites villes.

Il n'a fallu que deux jours de voyage pour que l'enfance reprenne ses droits. Ma cousine Marie, coupe au carré et frange courte, était du même tempérament que moi. L'exode devint vite une épopée, et le camion notre nouvelle maison.

Chaque soir, nous nous arrêtions dans des lieux où l'on pouvait trouver de l'eau. Mon oncle se reposait pour reprendre la route le lendemain, tandis que ma mère et ma tante allumaient de petits réchauds à alcool sur l'herbe et nous faisaient cuire des pâtes ou du riz.

Nos journées s'organisaient selon une nouvelle partition que nous aurions pu rejouer encore longtemps. Tant que nous étions ensemble, parents et enfants, il faisait bon et chaud. Jusqu'à ce soir-là.

Le camion est garé à la lisière d'un bois. Il ne fait pas encore nuit, mais mon oncle dort déjà sur les matelas disposés à l'arrière. Ma mère nous demande, à Marie et moi, d'aller chercher de l'eau au bout du champ qui s'étale derrière nous.

Joyeuses, nous attrapons le broc vide et nous mettons en marche. Puis nous décidons de faire la course jusqu'à la fontaine. Je vais aussi vite que possible, mais Marie gagne haut la main et m'accueille en m'éclaboussant d'eau.

C'est sur le chemin du retour qu'un bruit au loin nous arrête. Nous nous retournons soudain et, là-haut dans le ciel, apercevons deux avions de chasse. Sans réagir, nous les suivons des yeux jusqu'à ce que leurs silhouettes deviennent de plus en plus écrasantes. « Ils viennent sur nous ! » hurle alors Marie.

Mon sang ne fait qu'un tour. « Cours, Rachel ! Cours ! » Ma cousine m'attrape la main et nous nous ruons vers le camion bleu.

Les bruits se rapprochent. Les avions sont derrière nous. Je n'entends rien d'autre que le bruit assourdissant du moteur et celui du sang battant dans mes tempes. Je me retourne pour vérifier que nous allons nous en sortir, que nous avons de l'avance, mais je n'aurais pas dû. Les pilotes sont si proches que je parviens à distinguer la tête casquée de cuir de l'un d'entre eux.

À côté du camion, je remarque une silhouette qui s'agite. L'homme tente de nous dire quelque chose, à nous ainsi qu'aux dizaines de personnes qui courent se réfugier. Je lis sur ses lèvres jusqu'à percevoir ses mots : « Couchez-vous ! il hurle. Couchez-vous ! Les Italiens nous canardent ! »

Marie comprend avant moi ce qu'il faut faire. D'un seul coup, elle me jette face contre terre. Instinctivement, je mets mes mains autour de ma tête. Des bruits méthodiques viennent hurler dans nos oreilles, faisant trembler le sol. Une mitraillette nous a pris pour cible et retourne le champ d'éclats métalliques.

Quelques secondes plus tard, les tirs s'arrêtent, comme par miracle. Mes paupières toujours fermement closes, j'entends le bruit du moteur des avions qui s'éloigne. Bientôt, je ne perçois que les pulsations de mon cœur et le vent dans les feuilles des arbres. C'est fini.

La main de Marie bouge dans la mienne. Je me relève tremblante, le visage rempli de larmes. Des sanglots m'empêchent de parler. Quelque chose d'indescriptible, si profond, vient de bouger en moi : j'ai cru mourir très fort.

Je ramasse le broc, puis nous nous dirigeons vers le camion bleu. Les larmes cessent. Je ne pense plus à rien. À droite, je vois deux hommes baignant dans leur sang. Nous aurions pu être ceux-là.

Un instant plus tard, je sens quelque chose me couler le long de la jambe. Je regarde : c'est de l'eau. Comme si ce que nous venions de vivre avait déjà disparu de ma mémoire, je demande à Marie : « Mince ! Le broc est percé. Tu crois qu'on va se faire gronder ? »

Quelques jours plus tard, l'armée allemande nous a rattrapés à côté d'Angoulême. Je me souviens des camions bondés de soldats bottés, casqués et armés jusqu'au cou. Les tanks et les canons si gros que la route en tremblait, et nous aussi.

Nous étions cernés de toutes parts et n'avions plus les moyens de partir. Il fallait rentrer. Mon oncle a conduit le camion en sens inverse, jusqu'à Paris. Moins d'une semaine plus tard, nous étions de retour dans notre appartement rue Duris. Le 14 juin, les troupes allemandes entraient dans la capitale.

4

Après la guerre, pendant des années, j'ai
continué de croire que les choses auraient pu
être autrement. Je faisais des calculs, multipliais
les suppositions. Et si j'avais fait cela, à cet instant précis, peut-être tout se serait déroulé d'une
façon différente ?

C'est avec l'âge que j'ai accepté que l'Histoire
était plus forte que la mienne, qu'elle était plus
lourde que notre maison de Ménilmontant sur
laquelle elle s'était abattue.

Plus jeune, j'ai regretté que mon père n'ait
pas été fait prisonnier de guerre. Longtemps,
j'ai imaginé que, si cela avait été le cas, je l'aurais revu après la Libération ; il serait revenu me
chercher, où que je sois.

Au lieu de ça, après avoir combattu avec le

21e régiment de marche des volontaires étrangers, vu son groupe se faire décimer lors de la bataille des Ardennes, et nombre de ses camarades mourir ou envoyés en Allemagne, Abram Psankiewicz a été démobilisé et est rentré à la maison.

C'est un jour du mois de septembre 1940, un an après le début de la guerre. L'armistice vient d'être signé. Les femmes et les enfants attendent les hommes qui, pour certains, vont revenir du front.

Je suis dehors avec Fanny – sûrement étions-nous en train de jouer à la marelle –, quand une clameur venant de l'autre côté de la rue m'empêche de terminer mon tour. Plus loin derrière nous, un petit groupe s'est formé, poussant des cris de joie.

Mues par la curiosité, nous nous faufilons entre les adultes. Au centre du cercle, j'aperçois plusieurs hommes de dos. D'abord, je ne veux pas y croire. Si ce n'est pas lui, je serais si déçue que j'en pleurerais. Je regarde attentivement… Une silhouette brune… carrée… Les mains…

L'homme se retourne. Les traits tant aimés prennent immédiatement forme dans ma mémoire. Oui ! C'est bien lui ! Je me précipite jusqu'à ses bras pour m'y jeter. « Ma petite Rachel ! »

J'ai longtemps vu mes parents comme des adultes qui dépassaient l'ordinaire. À mes yeux, ils étaient des héros ; plus beaux et plus forts que tous. Ce jour-là, ce sentiment m'était confirmé et je les en aimais encore plus fort.

Très vite, la maison retrouva sa chaleur. Mon père, qui reprit un travail, nous chantait des mélodies tous les soirs jusqu'à ce que nous nous endormions. Ma mère continuait à écouter nos tracas comme s'ils étaient le cœur du monde.

La maison continuait de résister contre les tempêtes qui se soulevaient de plus en plus fort. D'abord, le 4 octobre 1940, quelques jours avant ma rentrée à l'école primaire, le gouvernement avait exigé des Juifs qu'ils se déclarent dans les commissariats ; ce que mes parents et leurs amis firent afin de rester dans la légalité.

Le même mois, le gouvernement avait créé le ministère du Ravitaillement pour contrôler la consommation des familles. Dès lors, pour faire les courses et nous vêtir, nous devions nous rendre chaque mois à la mairie prendre des cartes de rationnement. Chacun était rangé par catégorie et avait droit à une quantité précise de pain, de viande, de margarine, de lait et autres denrées.

Mais ma sœur et moi nous accommodions de tout avec cette force que seuls les enfants ont. S'il fallait manger moins, nous le ferions sans broncher. S'il fallait prendre ces tickets avant d'aller aux courses, nous obéirions sans tracas. Tant que tout ce qui surgissait pouvait être indéfiniment aspiré dans le quotidien, la vie continuait d'avancer comme elle l'avait toujours fait.

*

On dit parfois qu'il ne sert à rien de lutter contre une phobie. Que si, par exemple, on parvient à braver sa peur des araignées, une autre phobie risque d'apparaître ailleurs, de se projeter sur autre chose. Un peu comme dans le jeu de la taupe : on a beau frapper aussi fort que l'on peut sur le trou d'où vient de surgir la bête, elle ressort toujours.

De cette façon, même si ma sœur et moi essayions de tout rendre familier, c'était vain. Notre inquiétude se portait sur d'autres choses, sur les surfaces pourtant les plus insignifiantes de notre existence.

C'est en octobre 1940. Toutes les filles ont revêtu leur plus belle robe, sous le tablier imposé par l'école primaire de la rue de Tlemcen. C'est la rentrée des classes des premières années. Sous les cheveux bien peignés, les franges impeccablement coiffées, on devine les regards curieux.

Ces locaux, tous les enfants de ma famille y ont grandi. Mes cousins Maurice et Paul Psankiewicz, qui vivent rue des Amandiers, mes cousines Fanny, Régine et Marie Lenczner, ma sœur, et tant d'autres.

Ce matin, Louise m'accompagne et, pour mon premier jour, nous sommes même en avance. Une grande dame d'une quarantaine d'années fait son entrée, un large châle brodé de fleurs posé sur les épaules. Elle se place au centre des nouveaux élèves avec un grand sourire et demande le silence. C'est mademoiselle Fiancette, la directrice de l'école.

Puis notre institutrice nous fait entrer dans la salle de classe, où des tables pour deux, en bois ciré, sont méthodiquement disposées. « Ce matin, nous allons évaluer votre niveau. » De mon cartable, je sors un cahier neuf que je pose consciencieusement sur mon pupitre.

« Je vais vous demander d'écrire l'alphabet ainsi qu'une série de mots que je vous dicterai. » Pour la plupart d'entre nous, l'exercice est difficile, voire impossible. Toutes les autres n'ont pas eu l'occasion de bénéficier des cours particuliers de Louise Psankiewicz. Moi, si. Alors, quand certaines ne parviennent même pas à tracer entre les deux lignes de leur feuille la lettre *a*, moi, je m'exécute sagement, la langue sur le menton pour m'appliquer.

C'est la fin de la matinée. À travers les vitres, le soleil de midi s'étale sur les tables. Nous avons terminé l'exercice et il est bientôt l'heure de déjeuner. Quand la sonnerie retentit, je réunis mes affaires et rejoins la rangée d'élèves qui sort de la classe.

« Rachel, tu viens me voir un instant ? » La voix de la maîtresse est douce, mais je suis pétrifiée. Qu'ai-je bien pu faire de mal ? Me suis-je trompée dans les lettres ? En ai-je confondu ?

Je m'approche d'elle :

« Oui ?

— Rachel, je suis désolée, mais tu ne peux pas revenir cet après-midi. »

À ces mots, tout se brouille dans ma tête. Je ne perçois même pas la fin de sa phrase. Mon cœur se serre. J'ai mal au ventre. J'ai envie de courir chez moi. Quand elle s'arrête de parler, je n'ose rien demander. Je me contente de hocher la tête à tout ce qu'elle m'explique et sors en toute hâte.

Comment le dire à maman ? À Louise ? Et si j'avais commis une bêtise et que je ne m'en étais même pas aperçue ? Sur le chemin du retour, l'angoisse me prend. De grosses larmes se mettent à couler sur mes joues et se transforment en torrents.

À l'époque, nous ne déjeunions pas à la cantine. Le plus souvent, je rentrais chez moi. Mais, parfois, il m'arrivait aussi d'aller chez mes grands-parents ou ma tante. Ce jour-là, ma sœur et ma mère m'attendent rue Duris.

J'entre dans l'appartement le cœur lourd et les joues encore trempées. Maman se rue sur moi pour m'enlacer et me consoler. « Que se passe-t-il, ma chérie ? » Mais je peine à articuler les mots.

Nous nous installons autour de la table. Ma respiration se calme et je leur raconte ma version des faits : la maîtresse m'a formellement interdit de remettre les pieds en classe.

Je me souviens parfaitement de ce jour et de la sensation que j'avais : je m'imaginais victime d'une injustice profonde, d'un sort qui s'était abattu sur moi, et rien ni personne n'aurait pu me raisonner.

Pour ma mère et ma sœur, en revanche, c'est

un malentendu. À la fin du déjeuner, nous convenons donc que Louise m'accompagnera afin de savoir de quoi il retourne.

Nous arrivons à l'école. Louise demande à voir la maîtresse, qui nous reçoit avec un grand sourire.

« Oui, Louise. Que se passe-t-il ?

— Rachel nous dit qu'elle n'a pas le droit de revenir en classe…

— En effet, nous lui avons demandé de se présenter demain. Avec les élèves de deuxième année. Elle sait déjà lire et écrire ; elle va s'ennuyer si elle reste là. »

L'espace d'un instant, je me suis sentie ridicule. Et puis, c'est passé. Le lendemain, j'intégrais directement le cours élémentaire de premier niveau. Je découvris une nouvelle maîtresse, madame Delarue, et l'appréciai aussitôt.

5

En yiddish, « papa » se dit « *tate* ». Mais le mien, je l'appelais « papa ». Ce n'est que des années plus tard, quand j'essaierai de trouver sa trace, que je l'appellerai par son prénom.

Dans l'Ancien Testament, Abram aussi est « le père ». Celui de tous les croyants. Celui que Dieu met à la plus dure des épreuves pour tester sa foi : le sacrifice de son fils.

Mon père, lui, n'était pas croyant. Ni ma mère d'ailleurs. Ils ne m'ont jamais parlé de Dieu ni de force divine. Je n'ai jamais lu de passages de la Torah, su les préceptes, mangé la nourriture autorisée. Le seul lien que j'avais avec le judaïsme était l'histoire, la langue, puisque le yiddish était celle que les Juifs parlaient dans les pays de l'Est, et la culture – la cuisine, la musique, les chants et même l'humour.

Les seules choses auxquelles mon père croyait étaient l'amour et la politique. Et, comme l'Abram des textes anciens, rien n'aurait pu le faire changer d'avis. Pas même ce courrier.

Nous sommes en mai 1941. Le ton monte à la maison depuis qu'est arrivé un petit billet vert indiquant : « Prière de se présenter pour vérification de situation. » Maman tente en vain de dissuader mon père de se rendre à cette convocation. « C'est un piège, dit-elle. N'y va pas, ou tu ne reviendras pas ! »

Papa ne voit pas cela du même œil. Selon lui, ce n'est rien d'autre qu'une procédure administrative. Pourquoi l'arrêterait-on ? « Je suis en règle, conclut-il. J'ai une fiche de paie. Je ne risque rien. »

Je me souviens de sa certitude. Je me souviens de sa foi. Il pensait que, en France, il ne risquait rien de grave. Il pensait que c'était sa maison.

Alors, malgré les supplices de ma mère, malgré ses menaces, malgré ce qu'ils avaient traversé en Pologne, mon père a décidé d'y aller, accompagné d'un ami.

*

Ce 14 mai 1941, c'est l'aube. Le soleil perce les volets de la chambre. Il est encore trop tôt pour que ma sœur et moi soyons réveillées.

Mon père passe la porte. Je me redresse dans mon petit lit pour qu'il m'embrasse le front. Il se penche aussi sur le visage de ma sœur.

Avant de nous laisser nous rendormir, il glisse « À ce soir ». Trois mots murmurés, que je n'ai jamais oubliés.

Il ferme la porte et disparaît.

Mon père n'est pas rentré de la journée. Maman a fait les cent pas dans l'appartement. Puis, dans la soirée, l'ami de mon père qui l'avait accompagné est passé chez nous. Il avait ordre de prendre quelques vêtements et de les lui apporter.

Ce jour-là, le gouvernement français prévoyait d'arrêter 7 000 Juifs qui n'étaient pas encore naturalisés. Il en arrêta finalement près de 4 000, qui s'étaient présentés volontairement. Les prisonniers furent envoyés dans deux camps du Loiret : celui de Beaune-la-Rolande et celui de Pithiviers.

*

Je ne me souviens pas si mes parents s'écrivaient des lettres. En tout cas, je n'en ai pas retrouvé. Après la guerre, l'appartement dans lequel nous vivions avait été, comme tous ceux des déportés, complètement vidé. J'ai aussi oublié comment ma mère avait réagi. Ce que nous avions fait cet été-là, entre ma première et ma deuxième année de primaire. Ou si les parents de mon père, rue de Tlemcen, avaient pleuré en apprenant le départ de leur fils.

De cette période, je ne garde qu'une grande, une si immense colère qu'elle a effacé tout le reste. J'en voulais à l'Allemagne, j'en voulais au maréchal Pétain ; je revois mes poings serrés.

C'est quelques jours après la rentrée, en octobre 1941, je pense. Pour l'occasion, on nous a demandé de porter des jupes bleu marine et un haut blanc. Ma mère, désormais seule à travailler pour nous nourrir, n'a pas les moyens de nous acheter cette tenue – m'en a-t-on prêté une ?

Mademoiselle Fiancette nous dirige d'un ton sec en direction du square Séverine, dans le 20e arrondissement. Nous voilà toutes alignées, en quatre rangs ; moi, au deuxième en partant du bas. La maîtresse nous fait chanter la première note pour nous échauffer. « Ma… ! » Puis elle lève les mains pour lancer le départ de cette chanson que nous apprenons depuis une semaine.

Autour de moi, les élèves se préparent tandis que je garde ma bouche bien fermée, appuyant fort avec mes dents sur l'intérieur des lèvres. Un… Deux… Trois… La mélodie surgit : « *Maréchal, nous voilà. Devant toi, le sauveur de la France !* »

Quelques secondes plus tard, la maîtresse a les yeux braqués sur moi. Je reste de marbre, muette. Je sais bien que je ne gagnerai rien en faisant cela. Que mon père ne reviendra pas. C'est trop tard, maintenant. Pourtant, je m'acharne. Mes lèvres bien serrées l'une contre l'autre.

La maîtresse laisse les autres chanter et monte jusqu'à moi. Trois secondes après, je sens son souffle contre ma joue.

« Tu devrais chanter, Rachel.

— Je ne veux pas ! »

Elle se redresse. Je m'attends à tout. À me faire tirer les oreilles, taper sur les doigts ou mettre le bonnet d'âne. Mais, au lieu de ça, la maîtresse regarde autour d'elle, puis redescend les marches quatre à quatre avant de se replanter devant les élèves.

À l'école, nous étions beaucoup de petites filles juives qui avions déjà perdu nos pères à la guerre, faits prisonniers ou emmenés ce 14 mai 1941. Peut-être est-ce pour cela que nous n'en avons jamais reparlé, ni avec la maîtresse ni avec les camarades qui m'entouraient ce jour-là.

*

C'est un autre souvenir qui reste gravé en moi. Ce doit être en 1942, bien après cet incident à l'école. Je suis à Ménilmontant, dans la rue qui ne ressemble en rien à celle que j'ai connue. Des boutiques ont fermé. Les vendeurs de quatre-saisons ont déserté et les enfants ont disparu.

Pourtant, ça s'agite. Des individus vident les appartements des déportés, transportant les meubles, des vêtements, de la vaisselle, et des souvenirs par milliers. Des restes de vie balancés çà et là et des milliers de visages jetés, noyés dans les flots. Ce jour-là, cachée derrière un muret, je me souviens d'avoir vu des centaines de photographies emportées par les égouts.

Après la guerre, retrouver des images s'est imposé comme une nécessité. Avec l'association Mémoire juive que j'ai rejointe à ma retraite, on fouillait partout à la recherche de la moindre photographie. En tout, plus de 6 000 ont été récoltées, notamment auprès des survivants, et sont aujourd'hui stockées au Mémorial de la Shoah.

Parmi elles, il y en avait deux de mon père à Beaune-la-Rolande, que ma tante avait gardées. Des photos que les soldats du camp du Loiret avaient prises, pour envoyer aux familles.

La première est sépia, avec les bords du papier cartonné abîmés. Mon père y est entouré d'une dizaine d'hommes. C'est un bel après-midi de la fin de l'hiver 1941.

Dans le fond, on aperçoit une baraque de bois recouverte d'un toit de tôle. Au premier plan, les hommes regardent l'objectif en plissant les yeux. Trois d'entre eux, dont mon père, mon oncle et mon cousin, portent des vestes en cuir. Des pantalons noirs couvrent leurs jambes. Et, à leurs pieds, des souliers usés.

Les hommes posent face au soleil, cigarette à la bouche. Mon père ne semble pas inquiet. Il se tient droit, le bras au-dessus du camarade à côté ; un geste de compagnonnage. À sa gauche :

mon cousin Maurice, le frère de Paul. Lui porte une veste claire, et dans les ombres du contre-jour je reconnais sa moue rieuse.

Autour d'eux, certains affichent aussi des sourires discrets, presque charmeurs. Ils sont beaux. Ils semblent bien, tellement bien que, sans connaître la date du cliché, on pourrait croire que ce sont des travailleurs en pause-déjeuner.

L'autre photographie a été prise quelques mois plus tard, toujours au camp de Beaune-la-Rolande. On y voit six hommes bras dessus, bras dessous, comme des joueurs après un match.

Mon père, le deuxième en partant de la droite, est un peu plus petit que les autres. Il a minci. Il ne porte plus sa veste en cuir, mais un débardeur blanc, si usé qu'on distingue presque tout le haut de son torse. Aux pieds, des sandales de fortune ont remplacé les souliers.

Cette deuxième photographie, il y a deux façons de la regarder. La première consiste à n'observer que les visages. Tous sont souriants, presque joyeux. L'un des hommes a retroussé les manches de sa chemise.

On imagine un groupe d'amis venant de terminer une partie de football à l'amiable. Alors, les enfants seraient derrière, sur des nappes de pique-nique, une rivière coulerait contre l'herbe fraîche.

La deuxième façon de regarder cette image consiste à traquer les détails. Les hommes n'ont plus de ventre ou presque. Ceux qui n'ont pas serré leur ceinture jusqu'au dernier cran portent des bretelles. Les pantalons ne semblent pas à leur taille – sont-ce d'ailleurs bien les leurs ? Les bras qu'ils posent les uns sur les autres sont mous, épuisés.

L'homme au centre, avec le tee-shirt noir, plutôt que d'enlacer les deux camarades qui l'entourent, paraît se retenir de tomber. Ses jambes sont pliées, signe de fatigue.

Cette photographie a été prise peu de temps avant leur départ sans retour. Ils sont là depuis douze mois, ils n'y resteront que treize, et pourtant ils posent dignement.

Sourire, tête haute, l'un d'entre eux a même la main sur sa taille comme après un bon repas.

Cette image, mon père aurait sûrement souhaité qu'elle me parvienne et que je la voie pour toujours de la première des façons. Pique-nique et herbe fraîche. Il aurait aimé que j'en sois rassurée, apaisée, et que je cesse de l'attendre après l'école. « Tout va bien, Rachel. Regarde par toi-même et ne t'inquiète plus. »

Mais je ne l'ai retrouvée qu'après la guerre. Évidemment, j'ai traqué les détails, et je la lis désormais à ma manière. Comme un acte d'amour.

*

Quelque temps après son arrestation du mois de mai 1941, on nous a autorisées à venir le voir. C'est un dimanche de juillet, nous prenons le train.

À la gare d'Orléans, avec d'autres familles, nous montons dans une carriole tirée par deux chevaux jusqu'à l'entrée du camp de Beaune-la-Rolande, des grands fils barbelés, au milieu desquels des baraques de bois étendues sur la longueur s'alignent.

« Pièce d'identité ! » Les gendarmes français demandent à ma mère ses papiers. Elle s'exécute et présente sa carte, sur laquelle trône désormais un gros tampon rouge indiquant : « JUIVE ».

Les retrouvailles sont encore plus fortes qu'à son retour de guerre. Nous nous promenons tous les quatre un long moment le long des barrières.

Le début de la marche est joyeux. Je regarde mes parents, les champs qui nous entourent.

Plus tard, nous sommes devant avec ma sœur Louise. Derrière, mes parents parlent entre adultes. À un moment, la discussion se crispe. J'entends ma mère qui parle fort, tout en essayant de se refréner.

« Il faut essayer de fuir ! Tu ne peux pas rester là !

— Tais-toi, Chana. Fais-moi confiance… Tant que je suis là, il ne vous arrivera rien. Ni à vous ni à moi. »

Mais cela ne convient pas à ma mère. Mes parents s'arrêtent pour se disputer. De quoi ont-ils peur ? Comment peuvent-ils se fâcher après tant d'absence et de séparation ? Et que fait mon père ici ? Je ne comprends plus. Je me rapproche d'eux, ma sœur tente de les calmer, mais rien n'y fait. La panique les gagne eux aussi.

C'en est trop pour une petite fille. J'explose en sanglots. Papa me prend dans ses bras pour me consoler. Puis, bientôt, ils sont tous les trois autour de moi.

Plus tard, on a su ce que mon père savait et dont on ne se doutait pas. Les gendarmes français les avaient prévenus que, s'ils essayaient de fuir, on s'en prendrait à leurs familles.

Ne pas nous inquiéter, nous rassurer, nous dire qu'il fallait attendre patiemment que tout s'arrange sans chercher à fuir, ce fut aussi son dernier acte d'amour.

6

La vie peut parfois se résumer en chansons, les enfances aussi. Il y a celles dont on oublie vite les paroles, dont on se lasse des mélodies. Puis celles qui restent jusqu'à la fin et qu'on fredonne, presque chaque jour, sans s'en rendre compte. Les chansons de mon père sont de celles-ci. Des poèmes qui ne disparaîtront jamais, comme autant de ponts entre les temps.

Ces airs yiddish, je les ai longtemps murmurés seule, dans ma maison. Puis, quand j'ai pris ma retraite, j'ai rejoint une petite chorale. Et maintenant, nous les entonnons en groupe pour que notre public les entende et s'en souvienne. Pour que d'autres ponts se créent et que cette mémoire-là ne se perde jamais. J'essaie de lui assurer éternité.

Dans cette chorale, nous sommes plusieurs dizaines. Mais nous ne chantons pas tous la même mélodie ; chacun à sa partition, tous dirigés par Jacinta, notre cheffe de chœur. Comme dans un orchestre, il y a les ténors, les altos et puis les sopranos.

Il arrive que certains s'entendent plus que d'autres. On pourrait ainsi croire que des chanteurs sont plus importants ou plus indispensables que d'autres. Pourtant non : seule leur totalité forme l'harmonie. C'est aussi cela qu'enseigne la musique : être pluriel.

*

Avec mon groupe d'amis de Ménilmontant, nous fonctionnions, je crois, comme cette chorale. Nous aussi étions les cinq doigts d'une même main et grandissions ensemble, pensant ne jamais nous séparer.

Chacun avait sa place, qu'aucun autre n'aurait pu prendre. Fanny était la plus timide. Manu, le courageux. Madeleine, la gentille. Lino, le curieux.

Moi, j'étais le pendant féminin de Manu. J'étais téméraire et j'aimais faire le clown. Tout ce que j'entreprenais, c'était pour essayer de les faire rire. Et ce que j'aimais le plus, c'était lorsqu'ils ne pouvaient plus s'arrêter.

Était-ce en 1942 ? Cet été-là, oui, il me semble, nous avions découvert un nouveau jeu pour rythmer nos après-midi. Manu avait fixé dans l'atelier de son père quatre petites roues sous une planche de bois. Aujourd'hui, on aurait appelé cet objet un *skateboard* ; à l'époque, c'était une invention.

Nous n'en avions jamais vu d'autres et passions notre temps dehors, filles comme garçons, à dévaler les pentes du quartier. Je n'ai pas d'images pour ces souvenirs-là, mais une sensation de joie intense. Le vent dans les cheveux, l'air frais sur les bras, j'imagine que j'oubliais tout.

J'imagine que j'oubliais que j'avais peur que mon père ne rentre jamais. Ou que je n'avais plus le droit, parce que j'étais juive, d'aller jouer dans les jardins publics.

À partir du début de l'année 1942, les mesures antisémites s'étaient multipliées. Au départ, je les percevais de loin. Comme je n'étais plus autorisée à entrer dans les parcs avec les autres, nous jouions tous dans la rue. Je savais que je ne pouvais plus aller à la piscine non plus, mais cela ne m'importait guère : je n'avais jamais nagé.

C'est au mois de juin que la situation est devenue plus difficile. Les Juifs n'étaient pas seulement des parias à exclure des espaces publics – nous n'avions le droit d'aller faire nos courses qu'entre 3 et 4 heures de l'après-midi, quand il ne restait souvent plus grand-chose –, ils étaient des ennemis qu'il fallait pouvoir identifier et éviter où qu'ils fussent.

Quelques jours avant les vacances d'été, je suis dans l'appartement, attablée pour faire mes devoirs. Ma mère est assise à côté, sur un fauteuil, elle coud. À un moment, sa voix se lève : « Rachel, viens me voir. »

Je me dirige vers elle. « Tiens, mets-toi là, elle me dit. Oui, comme ça. » Elle tient dans ses mains une de mes robes. Puis elle la pose sur mes épaules, comme on le fait parfois pour vérifier qu'un vêtement est de la bonne taille.

La première chose à laquelle j'ai pensé, je me souviens, c'est que j'avais fait une bêtise. Peut-être avais-je troué ma robe en descendant la rue de Tlemcen sur la planche à roulettes ? Peut-être l'avais-je tachée en tombant dans une flaque ?

Je me revois demander, l'air inquiet :

« Il y a un problème ?

— Non, non. Ne t'inquiète pas et reste tranquille. »

Maman s'empare du vêtement, le pose sur ses genoux et reprend ses affaires. Je vois qu'elle coud à petits points un morceau de tissu jaune, au niveau de la poitrine. Je m'approche un peu plus : c'est une étoile, sur laquelle le mot « juif » est écrit en lettres noires.

« Mais, maman, qu'est-ce que tu mets sur ma robe ? » D'un geste, j'attrape le vêtement. Puis, frénétiquement, je commence à tirer sur l'étoile pour tenter de la découdre. Mais ma mère se précipite sur moi.

« Arrête, Rachel !

— Je ne veux pas porter ça !

— On est obligés. Dès demain, tu porteras cette robe. Pour ta sœur et moi, ce sera pareil.

— Je m'en fiche ! Je ne veux pas ! »

J'ai lâché la robe par terre et j'ai couru me réfugier dans la chambre. Je ne suis pas ressortie et j'ai pleuré toutes les larmes de mon corps.

Quelques jours plus tôt, on avait exigé des familles juives qu'elles achètent, avec leurs cartes textiles, des étoiles jaunes. Dès l'âge de six ans, chaque personne inscrite au registre juif fut obligée d'en porter une, bien visible, sur la poitrine.

Aussi consciencieusement que ma mère l'avait fait, il fallait que les six pointes soient bien cousues, à petits points. Si ça n'était pas le cas, ou si on ne la portait pas, on risquait une amende, voire la prison. Je ne pouvais pas faire comme lorsque j'avais refusé de chanter. Je n'avais pas le choix.

Au petit matin, j'étais aussi nerveuse qu'un jour de rentrée. Comment allaient réagir les autres ? Mes camarades de classe ? Et les gens dans la rue, allaient-ils me regarder autrement ? Je redoutais qu'on ne me voie plus comme Rachel, la petite fille qui parle aussi bien que les grands, ou comme Rachel, la petite fille qui rougit quand on lui donne des bonbons. Allais-je simplement devenir Rachel la juive ?

Nous avons descendu les marches de l'escalier. En arrivant dans la rue, nous n'étions plus les mêmes ; nous nous hâtions vers l'école.

Je garde de ce jour une terrible sensation de honte. Pas d'être juive, mais de devoir l'être avant toutes les choses que j'étais, et d'en être différente des autres.

Postées devant l'école, je vois encore Jeanine et sa maman. Elles aussi portaient l'étoile jaune. Et comme sur nous, elle semblait peser des tonnes. Ce n'était qu'un morceau de tissu, pourtant il transformait tout. La position de notre corps, notre caractère, notre façon de parler.

Ce jour-là, avec Jeanine, nous avons passé la journée collées dans un coin de la cour de récréation. Certaines, qui portaient l'étoile, continuaient de se mêler aux autres, mais, pour nous, ce fut impossible. Sûrement ne pensions-nous qu'à une chose : sortir et rejoindre ce groupe d'amis du quartier, cette famille qui était la nôtre.

*

Je ne sais pas quand c'est arrivé ; c'était sûrement une dizaine de jours plus tard. On jouait sur le trottoir, à la planche à roulettes. L'un d'entre nous a eu l'idée que l'on fasse des descentes à deux.

Manu et Lino ont commencé, puis est venu le tour de Fanny et Jeanine. Quand ce fut le mien, j'ai invité Madeleine à m'accompagner. Je lui ai proposé de se mettre devant ou derrière ; tout comme elle voulait.

Je me souviens : j'ai attrapé la planche et j'ai commencé à grimper la rue. Quelques mètres plus loin, remarquant que personne ne me suivait, je me suis retournée. Madeleine était restée avec le groupe, un peu plus bas.

« Pourquoi tu viens pas ? je demande.

— Elle ne veut pas, répond Manu.

— Promis, on n'ira pas vite et on fera attention.

— Elle ne veut pas venir avec toi sur la planche parce qu'elle dit que tu es juive. »

Ces trois derniers mots m'ont frappée comme une gifle. Je suis restée un bon moment la bouche ouverte, incapable de parler, comme les bêtes parfois peuvent rester tétanisées devant la lumière.

Au bout de quelques secondes, j'ai repris mes esprits. Je ressentais un chagrin immense, plus grand que le monde. L'étoile, sur la poitrine, me brûlait. J'ai quitté le groupe en courant, mes larmes ont surgi dans la cage d'escalier.

J'en voulais terriblement à Madeleine, mais la honte et le chagrin étaient mille fois plus puissants. Aujourd'hui, je sais que ce n'était pas de sa faute. Madeleine ignorait ce qu'elle faisait. Elle répétait ce qu'elle entendait à la maison, dans la rue, dans les journaux, et qu'elle ne comprenait même pas.

L'étoile avait tracé dans notre groupe une ligne imaginaire. Nous n'étions plus les parties d'un tout indivisible. Désormais, ils étaient d'un côté, et nous serions de l'autre.

7

Dans chaque existence, il y a un souvenir noué. Une souffrance intense, que le temps a essayé de consoler, d'attendrir et puis de masquer.

La mienne est dans la carte de cette enfance. Dans un lieu où je ne suis venue qu'une fois, avant 2011. Dans cette salle de la Bellevilloise, où j'avais abandonné la petite fille en robe d'été, aux longs cheveux bruns.

C'est ce qu'on fait quand on souffre trop. On mue, on se transforme. On abandonne un moi au passé pour en façonner un nouveau. On renaît pour survivre.

Ce mois de juillet 1942, il faisait si chaud. Je me souviens encore du soleil ardent, de la transpiration des corps, des cheveux que la sueur collait au front. À Ménilmontant, nous brûlions. J'imagine que mon père aussi devait être assoiffé dans le train qui l'emmena à Auschwitz.

Lui a-t-on seulement donné de l'eau ? Les a-t-on laissés partager une pauvre coupelle ? Je n'en sais rien. Au cours du mois de juillet, on nous avertit seulement qu'il avait été envoyé en Allemagne pour y travailler. On nous laissa avec ce mensonge et rien d'autre.

*

Le 15 juillet 1942, je porte déjà cette robe d'été. Nous sommes avec Louise, dans l'appartement. Je perçois encore le bruit des pas précipités de maman dans l'escalier. Puis son entrée, fracassante. « Préparez vos affaires. Ce soir, vous dormez chez vos grands-parents. »

Ce matin-là, à l'aube, on avait convoqué environ 5 000 policiers pour leur remettre le « fichier juif », comportant les adresses et les noms de toutes les personnes juives de la région parisienne. À chacun, par groupes de deux, avaient été attribués des noms de famille, des adresses où se rendre.

Tous n'étaient pas d'accord. Certains d'entre eux – on ne sait pas exactement combien – sont allés dans les rues de Paris, principalement dans les quartiers où vivaient beaucoup de Juifs immigrés – les 20e, 10e, 11e et 4e arrondissements et ailleurs. Alors, à qui voulait bien les entendre, ils ont crié : « Demain, on prendra des femmes et des enfants ! »

Maman avait-elle entendu cela ? Le lui avait-on répété ? Je n'en sais rien, mais, quelques minutes après son retour, nous quittions toutes les trois la rue Duris. Mes grands-parents paternels n'habitaient qu'à une cinquantaine de mètres de chez nous, c'était le seul endroit où nous pouvions aller. Nous n'avions pas le temps de partir plus loin.

Soixante-dix ans plus tard demeurent des questions sans réponse, des doutes qui resteront pour toujours sans éclaircissement. Aussi me suis-je souvent demandé pourquoi ma mère, ce soir-là, n'était pas restée avec nous chez les parents de mon père. N'aurions-nous pas pu fuir ? Nous cacher ? Rester ensemble plus longtemps ?

Avec le temps et l'âge, j'ai accepté que je ne le saurai pas. Les explications, ceux qui sont partis les ont gardées avec eux. Je les laisse avec leurs secrets.

C'est aussi cela, apprendre à vieillir.

*

Le 16 juillet 1942. C'est l'aube. Je suis encore endormie contre ma sœur quand des pas brusques et des cris se font entendre dans l'escalier. « Louise ! Louise ! » je hurle. Les pas s'accélèrent. Je reste immobile. Une seconde plus tard, de grands coups nous font sursauter : « Police ! Ouvrez ! »

Ma grand-mère se lève difficilement. Elle nous fait signe de nous mettre dans un coin et de ne pas bouger. Nous savons tous ce que c'est. Ce que redoutait tant ma mère vient d'arriver : ils sont venus nous prendre.

J'ai dépassé l'âge que ma grand-mère avait alors depuis bien longtemps. Mais elle était plus épuisée, usée par les épreuves et le temps. Je la revois encore approchant ses mains de vieille dame de la porte et découvrant avec effroi les visiteurs : deux policiers, l'un en uniforme, l'autre en civil.

Que pouvait-elle faire ? Que pouvait-elle dire ? Nous étions dans la tanière, et elle ne pouvait pas nous protéger.

« Je vous en prie ! Ce ne sont que des enfants ! Vous ne pouvez rien leur faire ! » Elle crie, elle hurle. Mais sans même la regarder, les policiers s'adressent directement à nous deux, recroquevillées dans le petit coin : « Habillez-vous en vitesse ! Allez rejoindre votre mère ! »

Je reste pétrifiée, incapable d'effectuer le moindre geste. « Allez, dépêchez-vous ! » D'un bond, Louise se précipite vers le lit et réunit nos affaires, qu'elle remet dans le baluchon. Elle me fait signe de la rejoindre et m'attrape par la main. « Reste avec moi. »

Mes grands-parents ont-ils eu seulement le temps de nous embrasser ? Je me souviens être sortie dans la rue Duris, un policier devant, l'autre derrière, ma main blottie dans celle de ma sœur.

C'était cet instant de la journée qui n'est ni encore la nuit ni déjà le jour. Dans la rue, il y avait d'autres policiers, des familles qui étaient poussées dehors. Des enfants qui s'accrochaient aux jupes de leur mère en se frottant les yeux. Des valises éventrées sur le trottoir, que des plus grands tentaient de refermer en vitesse. J'entendais des petits pleurer, terrifiés.

Dans le hall de l'immeuble, les policiers nous laissent passer avant eux. Mais, alors que nous montons la première marche, ils nous arrêtent. « Au fait, les filles, vous pouvez remercier votre concierge. Elle nous a si généreusement indiqué où vous étiez. »

Pour ces policiers, nous n'étions pas des enfants comme les autres. Parce que nous étions juives, nous n'avions aucune valeur. On pouvait nous humilier, nous effrayer, nous faire du mal. Et on avait le droit de le faire, comme si nous le méritions.

Ils nous ont accompagnées jusque dans l'appartement. Ma mère était en pleurs de nous voir revenir. « Vous avez cinq minutes pour faire votre valise. Emportez très peu de choses, car, voyez-vous, on a encore beaucoup de familles à prendre. »

Il était entre 4 heures et 6 heures. Par la fenêtre, on voyait encore la lune qui se couchait. Pourquoi avaient-ils choisi ce jour, cette heure-là ? Pour éviter le flot des Parisiens qui sortiraient travailler plus tard et qui auraient pu nous venir en aide ?

En sortant, j'ai vu que la rue était noire de monde. La main bien accrochée à celle de ma mère, le visage à moitié caché par sa hanche, je distinguais des familles se déverser des portes cochères comme l'eau jaillit de sa source. Tous, comme moi, portaient l'étoile.

Pour cette première rafle, on avait décidé de prendre les enfants dès l'âge de deux ans et les adultes jusqu'à soixante ans. Pour la deuxième et les autres, plus aucune limite ne serait fixée. On prendrait les petits dans leur berceau, à leur huitième ou quinzième jour, et on traînerait les vieillards, même si, pour cela, on devrait les tirer sur des brancards.

Puis la masse étoilée s'est mise en marche. Les premières lueurs du soleil sont venues sur nos visages dans la rue de Ménilmontant. Certains voisins se tenaient à leurs fenêtres. Je me souviens que nous croisions les premiers passants sur les trottoirs. Ils nous regardaient, ils observaient les centaines de Juifs qu'on emmenait. Certains riaient comme des diables, nous pointaient du doigt, nous disaient que c'était bien fait.

Puis il y avait les autres. Je vois encore cette dame qui pleurait, tenant dans sa main la petite croix accrochée à son cou. Je distingue encore les traits de cet homme, la main sur la bouche de stupeur.

J'avais huit ans, mais j'ai compris que les Parisiens n'étaient pas tous d'accord quant à notre sort.

*

La Bellevilloise existe depuis la Commune. C'était un lieu militant, qui abritait une salle de spectacle, de cinéma et de réunion. Dehors, on y vendait des vêtements pour les indigents.

Lors de la première rafle du Vél' d'Hiv, la Bellevilloise fut l'un des quatre lieux choisis pour enfermer les familles du 20e arrondissement avant de les envoyer vers les camps.

Le baluchon à nos pieds, je suis collée à ma mère, ma sœur, et d'autres inconnus qui me marchent dessus. Nous transpirons, et l'air est si moite qu'il en devient irrespirable. De loin, j'aperçois mon cousin Paul. Il a seize ans.

Paniquée, ma mère, tirant sur nos mains moites, tente de se frayer un chemin. Elle bute dans les personnes qui nous entourent, se faufile, pousse. Elle veut trouver une issue, un indice, n'importe quoi. Mais la foule est trop dense. Il fait trop chaud. Nous nous épuisons.

À une voisine qui lui fait signe de se calmer – « Ils ne nous feront rien avec nos enfants » –, elle hurle, les larmes aux yeux : « Vous ne comprenez pas ! On ne nous emmène pas pour travailler en Allemagne. On ne peut pas travailler avec des petits dans les bras ! »

On aurait dit ces louves qui hurlent à la lune. Mais, comme dans la forêt, elle était seule et personne ne l'a écoutée.

8

Très longtemps, je n'ai pas raconté ce qui m'était arrivé. De mon enfance, je ne disais rien. Je restais évasive, me contentant d'énoncer des caractéristiques : orpheline, parents polonais, etc. Je ne l'avais pas choisi, c'était plus fort que moi.

Puis un jour, j'étais maman depuis quelques années, ma fille est rentrée de l'école. Elle avait quatre ans, elle portait de belles boucles blondes. L'air en colère, elle nous a jeté, à mon mari et à moi :

« Vous êtes des méchants, tous les deux !

— Pourquoi ? j'ai demandé.

— Les autres ont des grands-parents, et moi je n'en ai pas ! »

Je ne lui en avais jamais parlé. Je ne voulais pas vivre dans les larmes, alors j'avais mis tout ça au fond de moi. Mais, ce jour-là, j'ai compris que ma fille devait savoir, que je ne pouvais pas lui mentir. Alors, petit à petit, j'ai commencé à lui raconter.

Plus tard, ça a été l'aîné de mes petits-fils. Il avait huit ans quand il a présenté mon histoire dans sa classe d'école. À son retour, il m'a dit : « Personne n'en savait rien. La maîtresse non plus. Tout le monde m'a regardé avec des yeux ronds. Tu as intérêt à aller voir les jeunes pour leur parler ! »

Le cimetière de Carpentras venait d'être profané. Mon petit-fils était tout jeune, pourtant il avait pris conscience que je devais raconter mon passé. Et il avait raison. Pourquoi m'étais-je tue pendant tant d'années ? Pourquoi tant de silence pour couvrir ces cris, ces larmes ?

Lorsqu'un grand orage s'annonce au large, on dit souvent qu'il sera suivi d'un grand ciel bleu. Le calme après la tempête, c'est ce qu'on répète aux marins pour les rassurer.

Après la guerre, les Allemands, la Collaboration, c'était comme un mauvais cyclone qui passait, enfin. Comme si tout le mal qui s'était produit venait de loin, de l'autre, et l'autre était vaincu.

Ainsi, les survivants qui revenaient, on ne les

laissait pas parler. Ils étaient des ombres sur le ciel bleu. Même moi, je me souviens, on me faisait taire : « Allez ! Allez ! On ne parle plus de ça, on parle de l'avenir ! » Certaines personnes m'ont même dit : « Tu as de la chance d'être restée en vie, alors tais-toi ! »

Au-delà du chagrin des témoignages, c'était autre chose qu'on ne voulait pas concevoir. Le pays préférait oublier son histoire. Ignorer que les Français ne furent pas tous résistants. Que, ce matin de juillet 1942, ce n'était pas l'ennemi allemand qui était venu nous chercher, mais bien des policiers français.

En 1995, cinquante ans après, le président de la République Jacques Chirac a enfin reconnu la responsabilité du régime de Pétain. Lors de la commémoration de la rafle du Vél' d'Hiv, je n'étais pas loin de lui. Je pleurais, comme beaucoup de gens autour de moi. « Enfin », nous pensions tous.

À partir de cet instant, nous avons pu raconter. Notre souffrance était reconnue. Alors, les vannes que nous gardions fermées se sont ouvertes une à une. Et mon passé m'est revenu par vagues successives. La dernière fut la plus longue à surgir : elle transportait mon souvenir le plus lourd, le plus douloureux.

Sur la carte de mon enfance, je prends maintenant la dernière ligne. Celle de la fuite.

*

Ma main est toujours dans celle de ma mère, ce 16 juillet 1942. Autour de nous, tout le monde s'agite. Les bébés pleurent, des hommes demandent de l'aide, et les policiers leur crient dessus.

Là-bas, je vois une camarade d'école. Elle est en pleurs et réclame les bras de sa mère, trop faible pour la porter. Ici, il y a un garçon du quartier avec qui parfois je jouais. Il se cache derrière la jupe de sa grande sœur.

D'autres enfants, épuisés, affamés et assoiffés dorment dans un coin, sur une valise ou un baluchon. Combien y a-t-il de petits ce matin ? Combien sommes-nous, enfermés ici, à ne rien comprendre de ce qui se passe ?

Ma mère s'arrête. Au milieu de la foule, elle vient de croiser une voisine, la mère de Léa. Celle-ci lui murmure quelque chose à l'oreille.

Aussitôt, le visage de maman s'illumine. Elle

se met sur ses genoux, ses yeux dans les nôtres. Puis elle dit : « La fille de la voisine vient de s'enfuir par l'issue de secours. Louise, Rachel, vous allez trouver cette sortie et vous allez fuir. »

Partir sans elle ? La laisser ? La colère jaillit immédiatement de moi. De toutes mes forces, je hurle : « Je ne veux pas te quitter ! » Puis je me mets à pleurer et je l'agrippe de toutes mes forces. Je me tiens à ses jambes, à ses vêtements, à tout ce que je peux attraper d'elle.

Je suis en sueur. De mon front, de grosses gouttes dégoulinent sur mes tempes. Ma mère tente de se défaire de moi. Elle me tient, qui gigote entre ses bras. D'un coup, elle m'éloigne et en profite pour lever sa main droite et me gifler avec une force inouïe.

C'était la première fois qu'elle le faisait. Et il n'en fallut pas plus pour que je m'abandonne ici, dans la Bellevilloise. Pour que je laisse cette partie de moi là, avec ma mère et toute cette vie d'amour.

Après le coup, j'ai immédiatement relâché mes bras. Ma mère nous a glissé cette phrase, je vois encore ses lèvres la prononcer : « Si on revient vous chercher, essayez toujours de fuir. Dans la rue, il y a du monde, ça vous protégera. » Ma sœur m'a prise par la main et nous avons tra-versé la foule vers l'issue de secours.

Devant, deux policiers montaient la garde. En nous voyant mais sans nous regarder, ils ont immédiatement tourné la tête pour nous laisser sortir. Dans la cour, dehors, j'ai vu deux bus qui arrivaient pour prendre tous ceux qui n'avaient pas eu notre chance.

9

Après la guerre, j'ai su que mon immeuble avait été détruit. On m'a aussi raconté que mon quartier n'était plus le même, que tout avait changé. Cela m'a profondément heurtée : je n'avais plus de maison, plus de parents, et j'apprenais maintenant que mon enfance avait définitivement perdu son ancrage.

Ainsi, des années durant, j'ai effacé Ménilmontant de la carte de Paris. Il m'arrivait de me rendre dans le 20e arrondissement, mais j'évitais soigneusement la rue de Tlemcen, la rue Duris et toutes les autres. Je prenais des chemins de traverse, faisais de longs détours ; j'étais incapable de revoir tout ce que j'avais connu et qui n'était plus.

Puis, un jour, en avril 1997, j'ai appris qu'un groupe se formait pour inaugurer une plaque sur la façade de mon ancienne école, à la mémoire des enfants disparus. Et, le 26 avril, à leur invitation, je suis retournée pour la première fois rue de Tlemcen.

En marchant sur ces pavés que j'avais tant foulés petite fille, d'autres souvenirs ont rejailli : lorsque j'avais cru être exclue de l'école, la couleur du grand châle de mademoiselle Fiancette, ou encore le nom de cette maîtresse que j'avais tant appréciée, madame Delarue.

Ce jour-là, nous étions plusieurs centaines de personnes. Avec nous, il y avait Geneviève de Gaulle-Anthonioz, nièce de Charles de Gaulle, une ancienne déportée, et d'autres inconnus. L'émotion qui nous a gagnés était sans pareille.

Quelque temps plus tard, furent inaugurées quatre autres plaques, à l'intérieur de l'école. Elles portaient le nom des enfants disparus, leurs prénoms ainsi que l'âge qu'ils avaient au moment de leur déportation. Sur une des stèles figuraient les anciens élèves. Ceux qui n'étaient plus inscrits quand ils furent emportés vers la mort.

Dans cette liste, tout en bas, était mentionné trois fois le nom de Lenczner. Pour Fanny, Régine et puis Marie, ma cousine avec qui j'avais couru remplir le broc d'eau.

Elles ont été déportées par le convoi numéro 26,

le 31 août 1942. Avec leur mère et leur petit frère Bernard, quatre ans.

Sur la plaque de l'école de garçons, figurait aussi le nom de mon cousin Paul, à qui je n'ai pas dit adieu le 16 juillet 1942.

*

Dans la petite chambre rue de Tlemcen, un oncle et une tante vivaient cachés avec nous. L'enjeu de chaque jour devint vite de trouver à manger, sans se faire prendre. Mon oncle nous apprit à reconnaître, dans la rue, ces hommes à la mine patibulaire, habillés de cuir, ou portant des chapeaux : les collabos.

Dès que nous en apercevions un, nous courions dans le sens inverse, déviions soudainement dans une rue adjacente, ou nous cachions sous le porche d'un immeuble. Nous vivions traquées, le ventre toujours noué de se faire prendre.

Puis, un jour, ma sœur a su que ma mère se trouvait à Drancy. Comme nous nous étions enfuies, elle avait été triée parmi les « sans-enfants », les célibataires, et envoyée directement là-bas. À l'époque, on ne le savait pas, mais ce camp était l'antichambre de la mort. Des trains y arrivaient de toute la France pour expédier les détenus vers Auschwitz et les camps de Pologne.

C'est le matin. Nous prenons l'autocar au métro Jaurès en direction du camp. À l'arrivée, plusieurs dizaines de personnes nous suivent sur le chemin sillonnant parmi les pavillons de banlieue.

Le camp est un immense bâtiment en forme de U, encerclé de fils barbelés. En haut de celui-ci, un groupe de détenus s'est formé et hurle des prénoms aux visiteurs. Je cherche ma mère dedans. Je m'approche des barbelés, regarde partout, mais ne distingue pas sa silhouette.

Cette première fois, nous sommes rentrées bredouilles à Paris. Nous avions le cœur si lourd. Mais nous n'étions pas désespérées. Nous reviendrions et la verrions.

La deuxième fois, il faisait une chaleur écrasante. Je me revois longer méthodiquement la clôture. Puis, au bout de quelque temps, je panique et j'éclate en sanglots contre le bras de ma sœur.

Je ne sais pas combien de temps j'ai pleuré.

Mais, à un moment, j'ai senti une main sur mon épaule. Et j'ai entendu une voix d'homme me demander :

« Qu'est-ce qui t'arrive ?

— Je n'arrive pas à voir ma mère. »

Alors, il m'a tendu une paire de jumelles.

Je voyais tout. Les femmes, la couleur de leurs vêtements, leurs cheveux. Puis, enfin, ma mère. Son visage tourné vers nous.

J'étais loin d'elle, nous avions une clôture et un espace entre nous. Pourtant, il m'a suffi de l'apercevoir pour que je sente en moi la chaleur du foyer. Sa présence, où qu'elle soit, c'était ma maison.

Mais, d'un coup, son visage s'est durci. Sa main droite s'est levée dans notre direction pour mimer ce geste qu'on fait parfois pour chasser quelqu'un. Des petits battements.

D'abord, je n'ai pas compris. Puis une agitation a soudain gagné tous ceux qui m'entouraient. Les gendarmes français qui surveillaient Drancy s'étaient mis à nous pourchasser.

De la suite, je n'ai que des souvenirs confus, des images floues. J'ai été, je crois, happée par un couple avec ma sœur. On nous a cachées dans le jardin d'un pavillon pendant quelque temps, avant de nous laisser rentrer à Paris.

Pour moi, le plus important, c'était que j'avais vu ma mère, qu'elle était en vie. Je voulais recommencer.

La troisième fois, c'était le 29 juillet 1942. Nous descendons du car les sourcils froncés par la lumière et les mains sur le front. Je m'apprête à reprendre la route parmi les pavillons, quand j'entends la voix de ma sœur derrière moi.

« Rachel, reviens !

— Quoi ?

— Rachel, reviens tout de suite ! On repart à Paris ! »

Quoi ? Non ! Je ne rentrerai pas à Paris ! Déterminée à la semer, je marche vite. Je sens les pas pressés de ma sœur, accélère un peu. Mais cela ne suffit pas. Un instant plus tard, elle m'attrape par le bras et me crie à la figure : « Maintenant, tu me suis ! On repart à Paris ! »

J'essaie de tirer dans l'autre sens. Je hurle que non ! On ne rentrera pas ! Que je la déteste plus que tout au monde ! Et d'ailleurs, pourquoi faut-il rentrer ?

Elle tire plus fort que moi. Mon bras me fait mal. Bientôt, je m'effondre sur le sol pour tenter de faire contrepoids. Mais elle me ramasse comme un sac. Alors je me rends, abattue. Les larmes aux yeux, j'attrape docilement sa main tendue et la suis.

J'ai pleuré tout le temps du retour. Nous sommes arrivées à Paris sans échanger un mot et avons marché jusqu'à la chambre de mes grands-parents.

Le soir, au moment de se coucher, Louise m'a prise dans ses bras. Elle m'a expliqué que, dans celui qui nous amenait à Drancy, nous avions croisé plusieurs autobus en sens contraire. Dans l'un d'eux, ma sœur avait reconnu notre mère, debout, serrée comme une sardine.

Maman l'avait vue et lui avait fait le même signe : « Partez. »

Ces petits battements furent son dernier acte d'amour. Nous gronder pour nous laisser partir. Un sacrifice qu'il faut beaucoup d'années pour comprendre ; j'ai eu besoin de devenir mère pour cela.

Ce 29 juillet 1942, maman est partie sans retour pour Auschwitz par le convoi numéro 12.

10

Quand les plaques de la rue de Tlemcen ont
été dévoilées, Marie, Paul et les autres étaient
morts depuis plus de cinquante ans. Ainsi,
durant toutes ces années, pour se souvenir d'eux
ou des nombreux autres dont j'avais croisé les
regards apeurés à la Bellevilloise et qui n'ont pas
pu grandir, il n'y avait rien.

Ils n'avaient pas de tombe, plus de corps ;
rien pour dire qu'ils avaient été massacrés parce
que juifs, ni même pour dire qu'ils avaient vécu,
qu'ils étaient nés, qu'ils avaient ri, joué et pleuré.
Comme s'ils n'avaient jamais été là.

C'était pareil pour tous les enfants du quartier. Et lorsque Pierre Cordelier, instituteur à
l'école rue Julien-Lacroix, ou Catherine Vieu-
Charier, directrice de l'école maternelle de la

rue des Couronnes, et d'autres enseignants du 20e arrondissement, ont à leur tour consulté, en 1997, les registres de leurs écoles, ils ont réalisé que nombre d'anciens élèves juifs n'étaient pas revenus après la Libération.

Alors, ils ont rejoint le groupe dont je faisais désormais partie et, ensemble, nous avons constitué le comité « École de la rue de Tlemcen ». La plupart de ses membres étaient des survivants, déportés rescapés, résistants et enfants cachés. Aujourd'hui, beaucoup ont disparu, comme Léon Zyguel, déporté à quinze ans, mais j'en suis encore la présidente.

Nous n'étions pas historiens. Alors, pour pallier le manque de méthode, nous y avons mis notre cœur et toutes nos tripes. On cherchait d'abord dans les registres des écoles les noms, les lieux de naissance et les professions des parents, puis on comparait avec le livre de la déportation de Serge Klarsfeld – si précieux Mémorial sans lequel nous n'aurions jamais pu faire cela. Ensuite, on croisait les listes pour relever les noms des enfants disparus.

Lorsque nous étions prêts, nous inaugurions des plaques. Des lettres d'or sur un fond noir ; une extérieure et une intérieure, dans le hall de chaque école. Et bientôt, tous les établissements scolaires de l'arrondissement ont eu leurs stèles. C'était comme si, partout, on venait de se réveiller, de sortir d'une torpeur qui avait duré des décennies.

Mais ce n'était pas assez. Les vannes s'ouvraient partout et nous ne pouvions pas en rester là. Alors, un jour, Henry Malberg, conseiller du 20ᵉ arrondissement à l'Hôtel de Ville, nous a obtenu un rendez-vous avec le maire de l'époque, Jean Tiberi. Lui nous a autorisés à étendre notre travail à tout Paris, avec l'accord du rectorat et de l'Éducation nationale, *via* les associations pour la mémoire des enfants juifs déportés (Amejd) que nous avons créées dans chaque arrondissement.

En 1999, j'ai par ailleurs coordonné la création du comité Joseph Migneret dans le 4ᵉ arrondissement, en hommage à ce directeur de l'école des Hospitalières qui, pendant la guerre, a procuré de faux papiers à des familles en fuite. Désormais, il n'y a pas une école sans mémoire. Pas un collège ou lycée sans plaque.

*

Quand j'ai commencé mes recherches avec le comité Tlemcen, j'ai longtemps essayé de retrouver la trace de mademoiselle Fiancette. J'ai épluché les archives avec son nom de famille. Longtemps, quand j'apercevais de loin un châle qui ressemblait au sien, je fixais celle qui le portait.

Puis le temps a passé, et mademoiselle Fiancette est restée le personnage de mon récit. Elle est cette âme bienveillante qui, comme une lumière au fil de l'histoire, continue de veiller sur nous.

À défaut de lui remettre la médaille des Justes, je la raconte. Je la décore en mots. Je répète ce qu'elle a fait en octobre 1942 ; comment, plusieurs fois, elle nous a sauvées.

Cette année-là, à la rentrée scolaire, ma grand-mère m'a remise à l'école. J'avais huit ans et demi et, dans ma classe, je me souviens, j'étais la seule petite fille juive.

Une fin d'après-midi, mademoiselle Fiancette m'a fait venir dans son bureau, avec trois autres élèves. D'un ton ferme, elle nous a dit : « Si la dame de service vient vous chercher, vous la suivez sans dire un mot à vos camarades ni à personne. » En nous donnant cet ordre, elle se mettait en danger. « C'est compris ? Vous ramassez vos affaires et vous la suivez en courant ! »

Quand c'est arrivé, on nous a emmenées dans la cave. La dame de service restait avec nous, jusqu'à ce que mademoiselle Fiancette nous fasse remonter. Je me rappelle le silence, la peur immense qui nous prenait les tripes et le froid qui engourdissait les doigts.

Ces mois furent terribles. Nous manquions de tout et vivions avec l'angoisse d'être attrapées. Je me revois compter les morceaux de pommes de terre dans les assiettes des autres. Me couvrir de pulls parce que je n'avais plus de manteau à ma taille. Et grelotter de froid.

*

C'est cet hiver-là que le gouvernement a organisé la deuxième grande rafle, à l'aube du 11 février 1943.

J'ai la varicelle. Dans la chambre de mes grands-parents, nous dormons lorsque de grands coups retentissent : « Police ! Ouvrez ! » Les visiteurs, deux policiers, ouvrent la porte de force et crient : « Allez, dépêchez-vous ! Habillez-vous ! » Puis, s'adressant à mon grand-père, paralysé des jambes, ils hurlent : « Lève-toi ! »

Le vieil homme panique. Il se débat contre lui-même, gigote, se secoue dans tous les sens comme si les efforts pouvaient lui rendre le bas de son corps. « S'il ne marche pas, dit alors un des deux hommes, tant pis pour lui ! Il restera ici ! Les autres, prenez vos affaires ! » Mais, ma grand-mère ne réagissant toujours pas, l'autre homme la pousse et lui crie : « Toi aussi, dépêche-toi ! »

Je la revois alors s'approcher de lui pour le prendre dans ses bras. Ils pleurent ensemble quelques secondes, s'enlacent en tremblant. Ma grand-mère s'écarte en titubant, puis elle sort, sans se retourner.

Dans la rue, il fait encore noir. La neige, tombée la veille, s'est transformée en glace tassée sur la chaussée. Les policiers nous poussent dans le commissariat du 20e arrondissement, situé à l'époque sur le côté gauche de la mairie, au début de l'avenue Gambetta. À l'intérieur, un homme ouvre une trappe et nous fait descendre au sous-sol, où, les uns sur les autres, s'agglutinent des vieillards pleurant dans la pénombre.

Quelques instants plus tard, se souvenant des derniers mots de ma mère, ma sœur se tourne vers moi et murmure :

« On va tenter le coup, Rachel.

— Comment ?

— Quand les policiers amèneront d'autres

gens, on leur saute dans les jambes avant qu'ils ne referment la trappe. »

Dix minutes après, deux policiers amènent un couple de vieillards. Avant qu'ils ne ressortent, nous nous précipitons derrière eux. La moitié de notre corps apparaît alors dans la pièce principale du commissariat, nos jambes sur les marches de l'escalier.

Autour de nous s'entassent des policiers, mais aussi des civils, des non-Juifs, arrêtés pour simple vérification d'identité. Une dame, nous découvrant là, se met à hurler : « Mais qu'est-ce qu'elles font là, ces gamines ? » Elle ne regarde même pas l'étoile jaune que je porte, semblant plutôt observer mes boutons de varicelle. « Bande de salauds ! hurle-t-elle ensuite. Quelle honte de s'en prendre à des enfants ! »

Les cris de la dame en ont entraîné d'autres jusqu'à gagner bientôt tout le commissariat. Les civils étaient révoltés. Ils réclamaient qu'on nous relâche sur-le-champ. Cette nuit-là, nous étions les deux seuls enfants arrêtés à cet endroit.

Au bout de quelque temps, les policiers et le commissaire, tenant dans leurs mains la liste des familles à prendre, exaspérés par les hurlements, nous ont dit ces mots : « Fichez le camp ! » Quatre syllabes qui m'ont sauvé la vie.

Mais nous ne pouvions pas abandonner ce qu'il nous restait de famille. Alors, Louise a harangué les gens qui nous avaient défendues : « Notre grand-mère est en bas, c'est elle qui s'occupe de nous ! » Puis elle a demandé – elle ne se rendait pas compte, elle n'avait que treize ans : « Est-ce qu'un policier peut nous raccompagner parce que c'est encore le couvre-feu ? »

Elle a obtenu ce qu'elle avait requis. On nous a escortées, Louise et moi, jusqu'à l'appartement, où était mon grand-père, en larmes sur son fauteuil. Nous nous sommes précipitées sur lui et l'avons consolé. Deux ou trois heures plus tard, ma grand-mère est arrivée en courant ; ils l'avaient relâchée. Les personnes qui nous avaient défendues avaient sans doute continué de hurler que nous ne pouvions pas rester seules et qu'il fallait que quelqu'un s'occupe de nous.

Il était désormais clair que nous ne pouvions plus rester là. Alors, on nous a mises, ma sœur et moi, dans un centre pour enfants juifs rue Lamarck, dans le 18ᵉ arrondissement de Paris. C'était là qu'on mettait les orphelins dont les parents avaient été pris.

11

Depuis plus de vingt ans, lorsqu'une plaque est apposée dans une école, un collège ou un lycée, souvent, je vais y témoigner. Devant des classes entières, en face de jeunes qui sont parfois bien plus grands que moi, je raconte mon histoire.

Je leur montre des photographies d'archives, celle d'une cabine téléphonique portant une pancarte « Interdit aux Juifs », celle des grilles ouvertes d'un jardin, avec la même affichette en carton dessus. Alors, je leur raconte ce souvenir : moi, petite fille contrainte de porter l'étoile jaune, accrochée aux barreaux pour regarder mes camarades jouer.

Ils m'écoutent attentivement. Mon histoire parle à la leur, car elles ont la même langue.

La plupart du temps, les enfants sont surpris. Beaucoup ne se souviennent même plus des dates de la Seconde Guerre mondiale. Ils peinent à resituer les événements dans le temps, comme si la Shoah datait d'une époque très ancienne. Depuis quelque temps, certains sont même sceptiques.

Une fois, nous étions plusieurs face à une assemblée d'élèves. Nous n'avions pas encore parlé qu'un jeune garçon se faisait déjà remarquer. À un moment, un silence s'est fait et nous l'avons tous entendu dire : « Les Juifs... J'en peux plus, des Juifs. »

Ça nous a tellement surpris qu'il nous a fallu du temps pour nous en remettre. Moi, j'ai aussitôt songé à Madeleine. J'ai pensé que, lui non plus, ce ne devait pas être sa faute. Que, comme elle, il ne devait faire que répéter ce qu'il entendait ailleurs – à la maison, dans la rue, dans la cour de l'école.

Alors, je lui ai répondu comme j'aurais aimé le faire avec elle, des décennies plus tôt. Je me suis tournée vers lui et j'ai dit :

« Tu sais, tu aurais été le prochain sur la liste !

— Pourquoi ?

— Parce que Hitler n'aimait que la soi-disant "race aryenne", les blonds aux yeux bleus. Les tiens sont noirs, tout comme tes cheveux. »

Puis, de tout mon cœur, j'ai raconté mon histoire. Je voulais ainsi lui montrer que, s'il avait grandi avec moi, nous aurions été ensemble contre ce même ennemi. Que nous aurions été des enfants avant toute autre chose ; à cet âge universel où les identités ne comptent pas.

Je souhaitais à tout prix combler son ignorance, par laquelle s'étaient engouffrées des horreurs. Lui montrer que son antisémitisme à lui pouvait mener à ça ; il ne le savait pas.

*

Quand je témoigne, ce sont mes émotions d'enfant qui ressortent. La tristesse de l'abandon, jusqu'à la gifle. Puis la panique du vulnérable. Cette angoisse-là ne me quitte pas avant la fin du récit.

Je deviens la petite fille au centre juif pour orphelins, qui, comme les frères du Petit Poucet, entend l'ogre venir. Là-bas, où nous sommes restées plusieurs mois, nous étions séparées, ma sœur et moi. À cette époque, les Allemands constituaient des convois de mille personnes pour partir vers Auschwitz. Quand leur quota n'était pas rempli, ils venaient compléter leurs cargaisons humaines dans les centres. Et notamment dans le nôtre. Ils attrapaient des jeunes filles autour de nous, aussi facilement qu'on aurait cueilli une marguerite.

Un dimanche sur deux, nous avions le droit de rendre visite à nos familles. Nous devions simplement donner une adresse à l'administration du centre et ils nous laissaient sortir. Ma sœur a profité d'un de ces jours pour organiser notre fugue.

Ce dimanche-là, nous nous habillons et nous préparons à partir. Sur le registre de l'administration, Louise inscrit l'ancienne adresse de mon oncle et ma tante. Nous sortons sans rien laisser transparaître, nos lits complètement vides. Au bout de la rue, nous pressons le pas avant de nous engouffrer sous un porche. Là, dans l'ombre, ma sœur attrape l'étoile jaune cousue sur sa robe et l'enlève avec un petit couteau. J'imite son geste. Puis nous courons jusqu'à la chambre de bonne où se cachent mon oncle et ma tante, avec notre grand-mère.

Ensuite, on m'a placée dans différents foyers, notamment des catholiques. Je passais huit jours dans une famille, huit jours dans une autre. J'ai changé sans arrêt d'endroit, à tel point que je ne me souviens plus des lieux.

Enfin, en janvier 1944, ma cousine, une résistante, m'a procuré de faux papiers. Du jour au lendemain, je suis devenue Rolande Sannier et on a décidé de m'envoyer à Château-Renault, où étaient cachés ses frères et sœurs. Dans le train, je me souviens, tout le long du chemin, ma cousine m'a répété :

« N'oublie pas, tu ne t'appelles plus Rachel. Tu t'appelles Rolande Sannier.

— Oui, oui, j'ai compris ! » je répondais.

La nourrice de mes cousins ne pouvait pas me garder, alors elle m'a confiée à quelqu'un d'autre. C'était une dame d'un certain âge, renfrognée, qui avait un mari alité et que mon oncle et ma tante payaient.

Un matin, j'ai neuf ans et demi, je fais parvenir par un camionneur roulant vers Paris un petit mot pour ma tante, mon oncle et ma grand-mère. Je veux récupérer mon cartable pour l'école.

Deux ou trois jours plus tard, le routier revient avec un paquet enveloppé dans du papier journal. Je veux le récupérer, mais, à l'instant où il me le tend, ma nourrice surgit de nulle part et le lui arrache des mains.

Elle le défait, ouvre et regarde à l'intérieur. Puis elle tourne de grands yeux noirs vers moi et dit : « Tu ne t'appelles pas Rolande Sannier ? Tu t'appelles Rachel Psnak... »

Dans le cartable, ma tante avait oublié un cahier au nom de Rachel Psankiewicz.

Je panique tandis qu'elle s'acharne à prononcer mon nom de famille sur l'étiquette. Puis, me le jetant à la figure, elle hurle :

« Tu es juive ?

— Oui », je réponds.

Alors, j'ai été battue et menacée de dénonciation. Plus les jours passaient et moins je parlais. Au bout de quelques semaines, j'avais complètement perdu la parole.

Dans ce temps-là, ma sœur travaillait chez un couple, monsieur et madame Proust, comme bonne à tout faire. Un jour où j'ai eu le droit de lui rendre visite, madame Proust m'a vue dans un tel état qu'elle est allée prévenir la nourrice de mes cousins. « La petite Rolande file un mauvais coton. » Alors, elle est venue me chercher, un mois avant la libération de Château-Renault.

Elle a fait un scandale, elle a ramassé mes affaires, elle hurlait. Je me souviens qu'elle était dans une rage folle. Elle m'a emmenée chez sa sœur et son beau-frère, qui étaient de braves gens, des paysans qui avaient deux jeunes filles qui m'ont chanté des chansons. J'avais de très beaux cheveux noirs bouclés, elles me coiffaient. Et petit à petit, j'ai retrouvé les mots.

En revanche, j'ai vite compris que, avec ce que j'avais vécu et traversé, je n'étais plus comme les autres petites de mon âge.

Je me souviens de cet après-midi de juin 1944. Il y avait, à Château-Renault, une fille qu'on appelait la Châtelaine, parce qu'elle habitait dans une maison de maître.

Ce jour-là, elle invite les enfants du coin pour le baptême de sa poupée. Nous arrivons dans le jardin, au sein duquel sont dressées de grandes tables avec des mets plus gourmands que je n'en avais jamais vu.

Je me rappelle : on m'avait collé un chapeau sur la tête qui ne cessait de me descendre sur les yeux. J'entendais les autres qui parlaient, qui racontaient des choses sur leurs parents, qui parlaient de la poupée, tandis que moi je remontais frénétiquement le chapeau.

Ça n'était plus ma place. Je m'en fichais de cette poupée, de ce baptême, et mes parents n'étaient plus avec moi depuis longtemps.

« À la mémoire des élèves de cette école déportés de 1942 à 1944 parce qu'ils étaient nés juifs, victimes innocentes de la barbarie nazie avec la complicité active du gouvernement de Vichy. Ils furent exterminés dans les camps de la mort. » C'est la formule que nous avons choisi d'inscrire sur toutes les plaques extérieures des établissements scolaires. Des lettres d'or sur un fond noir. Comme des étoiles qui brillent dans la nuit.

Ces phrases scintillaient sur l'école Ave-Maria, dans le 4ᵉ arrondissement de Paris. Parmi les 11 400 enfants français déportés, nombre d'entre eux venaient de ce quartier. Pourtant, c'est là que la plaque a été volée. Rejoignant la liste des autres qu'il faudra remplacer – détruites, déboulonnées ou dégradées.

Quand mon petit-fils, après le malheureux événement du cimetière de Carpentras, est venu me demander de raconter mon histoire, il avait compris que personne ne savait. Que ses camarades de classe ignoraient ce qui s'était passé. Et que les profanations n'étaient pas des anecdotes. Elles sont les symptômes d'un mal que nous ne sommes jamais parvenus à guérir et qui resurgit par ces actes.

Ce jour où je témoignais devant la grande assemblée, face au jeune garçon aux cheveux noirs, j'ai longuement décrit une scène de Château-Renault, quelques jours avant la Libération. Ce devait être en juin 1944. Il faisait un soleil de plomb.

Nous jouions à saute-mouton dans le stade de la ville, encadrés par des monitrices. À un moment, nous avons été perturbés par des bruits de moteur au loin. Soudain, nous avons vu débouler sur la route un convoi de camions bourrés de soldats allemands qui retournaient vers l'est. Ils étaient couverts de branchages.

À notre niveau, ils se sont arrêtés. Alors, de jeunes militaires sont sortis et nous ont mis en joue. J'entends encore la voix d'une des dames qui nous accompagnaient : « Dépêchez-vous ! » Les enfants paniqués ont couru dans tous les sens, tandis que les soldats riaient de nous voir ainsi.

Moi, je n'ai pas bougé. Je regardais, calme et impassible, ce spectacle d'horreur. J'étais tétanisée. On avait tant voulu me prendre, tant voulu m'attraper, que je n'étais même plus prête à me sauver. Puis le convoi est reparti.

Ce jour-là, à Château-Renault, nous n'étions pas des Juifs. Nous étions simplement des enfants, innocents, en train de jouer dans un parc. Aucun de nous ne portait l'étoile jaune, aucun signe distinctif. Mais tout cela ne comptait plus.

*

La fin de la guerre, je l'ai traversée loin de moi. La grande fille que j'étais devenue regardait la petite Rolande Sannier, la manipulait comme un pantin. J'étais trop de personnes à la fois pour en être une entière. Je ne savais plus qui j'étais.

Et puis, les Américains sont arrivés à Château-Renault. J'entends encore les cris : « Ils sont là ! Ils sont là ! » Je me revois courir vers la grand-rue où des centaines de personnes applaudissaient des camions de soldats qui allaient s'installer à l'orée du bois.

Nous étions si heureux. Alors, dès le lendemain, avec les enfants de la ville, nous étions
devant leurs tentes pour réclamer des « sem sem
gum » (des chewing-gums) et des chocolats.

Un soldat sort le premier. « *Do you speak
english ?* » nous demande-t-il. Mais personne ne
comprend ce qu'il dit. Après une longue hésita-
tion, j'ose :
« Yiddish ?
— Tu parles le yiddish ?
— Oui.
— Où sont tes parents ?
— On les a emmenés vers l'Allemagne.
— Viens avec moi. »
Parler cette langue, c'était le premier morceau
de ma maison que je retrouvais ailleurs. Je l'ai
suivi calmement dans la tente et j'en suis ressortie avec un plateau plein de friandises. J'ai fait la
distribution à tous les autres, qui disaient : « La
petite Rolande, elle parle bien anglais ! »

Pendant plusieurs mois, je n'ai pas compris
pourquoi c'était à moi qu'il avait donné les friandises. Je ne me suis même pas posé la question.
Puis, lorsque je suis revenue à Paris, c'est devenu
évident.
Après la Libération, ma sœur et moi avons

retrouvé mon oncle, ma tante et ma grand-mère. Nous avons fait le voyage juchées sur un camion de pommes et nous sommes réinstallées avec eux. Nous étions jour et nuit branchées à la radio, espérant la fin de la guerre et le retour de nos parents.

Après la capitulation du 8 mai 1945, les nouvelles ont annoncé les retours. D'abord des prisonniers de guerre, rapatriés les premiers par la gare de l'Est. Puis des déportés, qui allaient être accueillis au Lutetia, dans le 6ᵉ arrondissement de Paris.

Ma sœur était-elle plus lucide que moi ? Peut-être m'a-t-elle laissée y croire parce que la seule perspective de revoir nos parents me rendait enfin heureuse. De mon côté, je voulais y croire absolument. Le périple de mon père était écrit dans ma tête, il avait son début, sa fin et ses péripéties. Papa avait sans doute perdu la mémoire suite à un bombardement, puis il avait été caché dans une ferme, quelque part en France, et on allait le renvoyer ici, au Lutetia. Pour ma mère, c'était plus difficile. Je ne savais pas où on l'avait emmenée avec les autres. Mais j'inventais des histoires pour continuer d'espérer.

À la radio, ils ont annoncé que les proches pouvaient venir visiter les survivants. Alors, avec Louise, munies d'une photographie d'eux deux, nous sommes allées à l'hôtel. Une grande bâtisse sur un carrefour. La main dans celle de ma sœur, nous avons monté les premières marches du perron.

J'étais trop impatiente pour attendre, alors, dès qu'un inconnu s'est approché de nous, je lui ai demandé : « Vous avez connu… » Mais je n'ai pas pu terminer ma phrase. En lui montrant la photographie de mes parents, j'ai soudain réalisé que l'homme avait les yeux noirs, enfoncés dans ses orbites, et ne devait pas peser plus de trente-cinq kilos. J'ai pris peur et nous sommes parties en courant.

Plus tard, quand nous y sommes retournées, je ne regardais pas autour de moi. Je gardais les yeux fixés sur les affiches à l'intérieur, portant le nom des rescapés. Je n'en connaissais presque aucun.

Je ne sais pas combien de fois nous l'avons fait. Combien de fois nous sommes reparties du Lutetia en nous disant que la prochaine serait la bonne. Mais il m'a fallu du temps pour abandonner. Pour accepter que mes parents ne reviendraient plus. Ni eux ni les quinze autres membres de cette famille qui me tenait si chaud.

Il n'y a pas de jour précis où, avec ma grand-mère et ma sœur, nous avons accepté ces morts.

C'est un manque qui s'est installé avec le temps comme un voile sur les yeux. Une couche de chagrin au fond de la poitrine. Ce que nous avions connu n'était plus.

Épilogue

Mon enfance, celle qui est universelle, celle qui justifie ma bataille, s'arrête là. La suite, je ne la raconte pas. C'est une autre histoire, celle que j'ai reconstruite avec le temps. Celle aussi de ma sœur, qui vit aujourd'hui aux États-Unis et qui, peut-être parce qu'elle était plus âgée, n'a jamais réussi à transformer son histoire en combat. De son enfance, elle, elle n'a jamais pu parler.

Après la guerre, nous avons essayé de reconstruire une vie ensemble. De reconstituer un foyer. Mais c'était impossible ; il y avait trop de morts. Nous devions chacune construire une maison pour que la vie puisse y renaître. Choisir un espace sans histoire, et tout reprendre à zéro.

Depuis des années, je suis de mon côté ; elle, du sien. Mais tout ce que j'ai fait, toujours, je l'ai endossé à deux, pour deux. Avec la force qu'elle m'a donnée depuis petite et pendant notre fuite. Son ombre rassurante veille sur tout ce que je fais.

Au milieu des années 2000, de nombreuses plaques avaient déjà été posées. Il y en avait dans tant d'écoles, de collèges et de lycées. Les lettres d'or repeuplaient la nuit sombre. J'étais satisfaite, avec le comité nous avions accompli tant de travail. Mais je savais qu'il manquait une stèle. Et que rien n'avait de sens sans celle-ci.

Rue Boyer, à la Bellevilloise, devant ce lieu désormais dédié aux fêtes et aux concerts, il n'y avait rien pour rappeler que des dizaines d'enfants et leurs mères furent enfermés ici avant leur déportation. Presque personne n'en était revenu, et ma sœur et moi serions bientôt les seules à nous en souvenir.

Alors, j'ai déposé un dossier auprès du maire adjoint du 20ᵉ arrondissement, Jean-Michel Rosenfeld (puis Pascal Joseph), pour y installer une plaque. Il nous a aussitôt soutenus. Mais pendant des années, notre requête n'a pas pu aboutir : les gérants de la Bellevilloise craignaient que la stèle ne ternisse le lieu festif et la rejetaient.

Il aura fallu plus de quatre ans pour qu'ils acceptent. Et pour cela nous avons dû céder sur un point : la plaque n'est pas noir et or, mais couleur mur. Elle est aussi plus petite ; elle se voit moins. Mais je crois que, avec ma sœur, nous avons ainsi accompli notre devoir : celui du flambeau.

Depuis lors, après tant d'années, la petite fille de la Bellevilloise est revenue au fond de moi. Elle est avec Rolande Sannier, la fillette au chapeau trop grand de Château-Renault, la sœur de Louise, la mère de famille, puis la grand-mère et l'arrière-grand-mère que je suis. En me souvenant, en créant des ponts entre les temps, je suis redevenue entière. Ma souffrance ne gît plus sur cette terre. J'en ai terminé avec elle.

Alors, je la raconte. Pas pour pleurer, non, ni pour ressasser. Je me vois plutôt comme Elzéard, ce berger solitaire de Jean Giono qui plante des arbres pour peupler sa région aride.

Ainsi, ce jour où je témoignais devant l'assemblée de jeunes, à la fin, le garçon aux cheveux bruns est venu me voir. D'une voix timide, il m'a remerciée.

J'ai alors su que j'avais réussi à planter en lui une petite graine qui, peut-être un jour, deviendrait féconde.

REMERCIEMENTS

Un immense merci à Serge Klarsfeld qui, grâce à son précieux *Mémorial de la déportation*, nous a permis de retrouver les noms des enfants déportés des écoles, collèges et lycées, parce que nés juifs.

Merci aussi à Serge Moati et à Robert Boublil.

Merci également aux personnes du *Mémorial* qui ont tant œuvré pour la mémoire.

Et enfin, merci à ma fille, à mon gendre, et à mes petits-fils pour tout le bonheur qu'ils m'ont apporté.

Le Livre de Poche s'engage pour
l'environnement en réduisant
l'empreinte carbone de ses livres.
Celle de cet exemplaire est de :
350 g éq. CO_2
Rendez-vous sur
www.livredepoche-durable.fr

**PAPIER À BASE DE
FIBRES CERTIFIÉES**

Composition réalisée par NORD COMPO

Achevé d'imprimer en décembre 2020 en Espagne par
LIBERDUPLEX
Dépôt légal 1re publication : janvier 2021
LIBRAIRIE GÉNÉRALE FRANÇAISE
21, rue du Montparnasse – 75298 Paris Cedex 06

50/2664/3